Leicht und lecker asiatisch kochen

Leicht und lecker

asiatisch kochen

MOEWIG

Inhalt

Einleitung

Die Küche Asiens erfreut sich bei uns immer größerer Beliebtheit. Die schonende, schmackhafte und zudem fettarme Zubereitung der asiatischen Speisen hat die europäischen Feinschmecker überzeugt und neugierig gemacht. Chinesische Restaurants haben sich überall etabliert und in fast jeder größeren Stadt kann man indonesische, thailändische, japanische oder indische Spezialitäten genießen.
Wer sich die asiatische Küche nach Hause holen möchte, findet in diesem Buch über 100 innovative und klassische Rezepte aus verschiedenen asiatischen Ländern, leicht verständlich beschrieben, mit präzisen Zubereitungszeiten und Nährwertangaben versehen und behutsam dem europäischen Geschmack angepasst, ohne auf die typisch asiatische Würze zu verzichten.
Damit es auch beim Einkauf keine Probleme gibt, werden nur solche Zutaten und Gewürze verwendet, die in Supermärkten oder Asia-Läden erhältlich sind.

Der Wok – asiatisches Multitalent

Das wichtigste Kochgerät der fernöstlichen Küche ist der Wok. Er gilt als chinesische Erfindung, ist aber mittlerweile in ganz Asien verbreitet. Ursprünglich wurde mit ihm über einer offenen Feuerstelle gekocht, und daher eignet sich auch heutzutage ein Gasherd besonders für das Kochen im Wok. Denn Gas liefert schnell und direkt die zum Kochen erforderliche Hitze und ist sehr gut zu regulieren.
Direkt bei Tisch lassen sich Speisen im Wok über einem spiritusbeheizten Rechaud zubereiten. Hier ist allerdings die Größe des Rechauds sehr wichtig: Zu kleine liefern häufig nicht die für das Kochen benötigte Hitze. Sie eignen sich lediglich zum Warmhalten der Speisen. Achten Sie also schon beim Kauf darauf, dass das Rechaud groß genug ist. So vermeiden Sie von vorneherein Enttäuschungen beim Garen.
Selbstverständlich kann man aber auch auf dem Elektroherd einen Wok verwenden, und inzwischen gibt es sogar elektrisch beheizte Woks, die allerdings noch sehr teuer sind.

Nicht jeder Wok kann auf jedem Herd benutzt werden: Für den Elektroherd wählt man Modelle mit abgeflachtem Boden, die gut auf der Kochplatte aufliegen. Meist sind sie aus Gusseisen und können die Hitze sehr lange halten. Aber es gibt auch beschichtete Wok-Varianten für den Elektroherd, die das Anbrennen von Speisen verhindern und deshalb gerade für Anfänger ideal sind.

Die Modelle für einen Gasherd oder für ein spiritusbeheiztes Rechaud haben einen abgerundeten Boden und sind meist aus dünnwandigem Eisen gefertigt. Der Boden ist etwas dicker als die abgeflachten Wände, da er direkt der Gasflamme ausgesetzt ist. Um die Standfestigkeit auf dem Herd zu erhöhen, kann ein spezieller Metallring von Nutzen sein, der im Handel erhältlich ist. Er dient auch als Untersetzer, wenn man die Speisen direkt im Wok servieren möchte.

Achten Sie also schon beim Kauf eines Woks darauf, welches Modell für Sie in Frage kommt und wählen Sie im Zweifel lieber einen größeren Wok als einen kleinen. Das Kochen fällt in einem großen Wok viel leichter als in einem kleinen.

Vor der erstmaligen Verwendung (das gilt nicht für die beschichteten Modelle) reinigen Sie den Wok am besten sorgfältig mit Spülmittel und Wasser. Danach reiben Sie ihn mit etwas Öl aus und erhitzen ihn, bis das Öl zu rauchen beginnt. Anschließend wieder mit Wasser und Spülmittel säubern. Jetzt ist der Wok zum weiteren Gebrauch bereit. Da jedoch die richtige Pflege des Woks von Hersteller zu Hersteller variieren kann, sollten Sie unbedingt die Gebrauchsanweisung Ihres Modells beachten.

Nützliches Zubehör

In jedem Fall sollte zur Grundausstattung eines Woks ein **Deckel** gehören. Er ist unerlässlich zum Dämpfen und Schmoren. Außerdem ist ein **Abtropfgitter** von Vorteil, das innen am Rand des Woks eingehängt wird. Hier können die bereits gegarten Zutaten abgelegt werden: So tropft das Öl wieder in den Wok zurück und die Speisen bleiben warm. Als nützlicher Küchenhelfer hat sich eine spezielle **Wok-Schöpfkelle** bewährt, mit der sich dank ihrer an den Wok angepassten runden Form alle Zutaten optimal im Wok verrühren lassen. Wahlweise kann man zum Rühren auch lange Holzstäbchen nehmen. Ein besonderer **Sieblöffel** erleichtert gerade beim Frittieren das Herausnehmen der Speisen aus dem Wok. Auf diese Weise kann überschüssiges Öl vollständig abtropfen. Es gibt ihn in verschiedenen Größen und Ausführungen, doch sollte er immer über einen langen Stiel verfügen, um Sie vor aufspritzendem Fett zu schützen.

Zum Dämpfen von Fisch oder Gemüse eignen sich ein Siebeinsatz, das Abtropfgitter oder spezielle **Bambusdampfkörbchen** für den Wok, die es in verschiedenen Größen gibt. Man kann sie im Wok sogar übereinander stapeln und auf diese Weise mehrere Speisen gleichzeitig zubereiten.

Bevor Sie die Körbchen zum ersten Mal benutzen, sollten Sie jedes gründlich mit Wasser abspülen und es danach etwa 7–10 Minuten im heißen Wasserdampf des Woks stehen lassen. So wird es geschmacksneutral.

Ein **Hackbeil** erleichtert das Zerteilen von Geflügel und wird in Asien auch zum Schneiden von Fleisch verwendet. Es fehlt dort in keiner Küche.

Wer nicht über die nötige Übung im Umgang mit dem Beil verfügt, kann auch geeignete Messer in verschiedenen Größen benutzen.

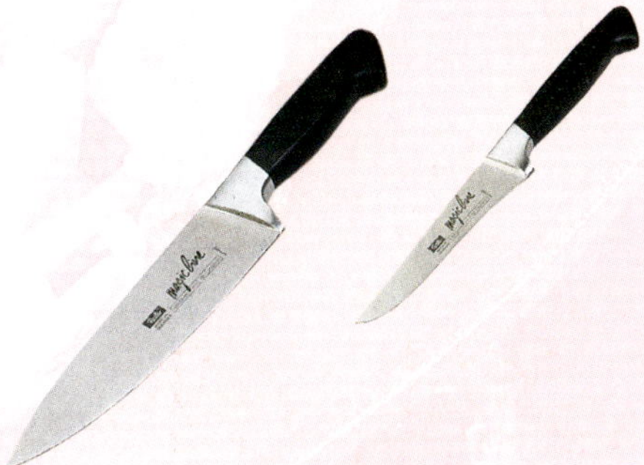

Ebenfalls empfehlenswert ist ein **Mörser** aus Stein zum Zerreiben von Gewürzen. In Asien gibt es keine fertigen Gewürzmischungen, hier werden für jede Mahlzeit individuell verschiedene Gewürze frisch vermengt und im Mörser zerstoßen. Auch Knoblauch oder Kräuter lassen sich im Mörser bequem zu einer würzigen Paste verarbeiten. Aber natürlich können Sie für diese Zwecke auch eine Gewürzmühle verwenden.

Garen im Wok

Der Wok ist als Kochgerät ein Universalgenie. In ihm kann man braten, kochen, dünsten, schmoren, dämpfen und frittieren. Natürlich lassen sich alle Gerichte in diesem Buch auch in beschichteten Pfannen, Töpfen und anderem herkömmlichen Kochgerät zubereiten, mehrfach wurden sie auch damit gekocht, aber für viele Rezepte ist der Wok einfach unverzichtbar. Denn er nimmt die Garhitze optimal auf und wird sehr heiß. Dadurch müssen die einzelnen Zutaten nur kurz gegart werden, und die Nährstoffe bleiben weitestgehend in den Speisen erhalten.
Da alle Speisen im Wok in Öl gegart werden, und dieses vor dem Garen am besten so heiß werden sollte, dass es raucht, eignen sich zum Garen nur solche Öle, die auch starke Hitze vertragen, wie etwa

Erdnuss-, Soja- oder Olivenöl. Butter oder Bratfette sind für den Wok hingegen ungeeignet, allenfalls geklärte Butter, Butterschmalz oder Kokosfett können verwendet werden.

Eine typische Garmethode im Wok ist das sogenannte **Pfannenrühren**. Ganz wichtig dabei: Alle Zutaten müssen vorher schon geputzt und klein geschnitten sein. Das Garen im Wok geht so schnell, dass keine Zeit mehr bleibt, um die Zutaten während des Garprozesses zu zerkleinern. Stellen Sie auch alle anderen benötigten Zutaten bereit.
Zunächst den Wok ohne Fett stark erhitzen, dann ein bisschen Öl hineingeben. Jetzt die Zutaten, die die längste Garzeit haben (z.B. Fleisch oder festeres Gemüse) in das heiße Öl geben und danach die anderen hinzufügen. Die Zutaten müssen ständig umgerührt werden und dürfen nur kurz den Boden des Woks berühren; sonst brennen sie an. Sie können auch einige Esslöffel Wasser, Reiswein, Fleisch- oder Gemüsebrühe hinzugeben, um ein Anbrennen oder das Austrocknen der Zutaten zu verhindern. Um ein gleichmäßiges Garen zu erreichen, sollten die einzelnen Zutaten außerdem möglichst nicht übereinander liegen. Die gegarten Zutaten werden auf die Seite geschoben und dort so lange warm gehalten, bis das komplette Gericht fertig ist. Auf diese Weise hat im Wok gegartes Gemüse noch Biss und das Fleisch bleibt saftig.

Der Wok ist aber auch zum **Frittieren** ideal. Den Wok bis zur Hälfte mit Erdnussöl füllen und das Öl dann stark erhitzen. Um festzustellen, ob das Öl heiß genug ist, stecken Sie am besten ein Holzstäbchen in das Öl: Wenn Blasen daran hochsteigen, ist die optimale Temperatur zum Frittieren erreicht. Die vorbereiteten Zutaten werden portionsweise in das heiße Öl gegeben und ausgegart. Sie sollten frei im Öl schwimmen. Danach holt man sie mit einem Sieblöffel aus dem Öl und lässt sie auf Küchenpapier abtropfen. Zum Warmhalten stellt man Frittiertes am besten in den vorgeheizten Backofen.

Besonders beliebt in asiatischen Ländern ist das **Dämpfen** im Wok. Hier garen die Zutaten allmählich im Wasserdampf. So bleiben das Aroma und die Nährstoffe erhalten. Zum Dämpfen etwas Wasser in den Wok geben, das Wasser erhitzen und einen Siebeinsatz, das Abtropfgitter oder die speziellen Bambusdampfkörbchen in den Wok stellen. Die Bambuskörbchen und den Wok fest mit einem Deckel verschließen, damit der Dampf nicht entweichen kann. Der aufsteigende Dampf gart die Speisen. Wichtig: Die Zutaten sollten nicht mit dem Wasser in Berührung kommen. Damit während des Dämpfvorgangs in den Dampfkörbchen nichts anklebt, kann man sie vorher mit Salatblättern auslegen.

Doch im Wok lassen sich auch ebenso gut Suppen und Eintöpfe kochen oder – bei geschlossenem Deckel – köstliche Schmorgerichte aus Fleisch und Gemüse zaubern. Als echter Alleskönner bereichert der Wok nicht nur die asiatische Küche.

Asiatische Zutaten

Bambussprossen: Bambussprossen sind Schößlinge von essbaren Bambusarten, die bei uns fast ausschließlich als Dosenware erhältlich sind. Es gibt sie in großen Stücken oder klein geschnitten.

Dashi: japanische Grundbrühe aus Seetang und getrocknetem Thunfisch. Gibt es als Instant-Produkt in Flocken- oder Granulatform im Asia-Laden zu kaufen.

Fischsauce: eine dünnflüssige, braune Sauce aus Anchovis, Salz und Wasser, die durch Fermentierung gewonnen wird. Ihr ausgesprochen fischartiger Geruch verliert sich beim Garen und sie gibt den Speisen eine besondere geschmackliche Note. Da sie verhältnismäßig salzig schmeckt, sollte man die Fischsauce behutsam dosieren. Sehr zu empfehlen sind Produkte aus Thailand. Fischsauce ist überall in Thai- oder Asia-Läden erhältlich.

Fünf-Gewürz-Pulver: eine chinesische Gewürzmischung aus Sichuan-Pfeffer, Anis, Fenchel, Zimt und Nelken. Man bekommt sie in jedem Asia-Laden und sie ist gut verschlossen unbegrenzt haltbar. Fünf-Gewürz-Pulver sollte immer sparsam verwendet werden, da es sehr intensiv würzt.

Garam Masala: eine aus dem indischen bzw. indonesischen Raum stammende Gewürzmischung, die zwischen scharf und aromatisch variiert. Ein stets wiederkehrender Bestandteil aller Mischungen sind Nelken. Es ist unverzichtbar für alle Curry-

Gerichte und als Fertigmischung im Handel erhältlich. Gut verschlossen hält es sich ähnlich wie das Fünf-Gewürz-Pulver sehr lange.

Ingwer: Die Ingwerwurzel hat ein scharf-fruchtiges Aroma. Man kann sie frisch, getrocknet oder in pulverisierter Form kaufen. Aus der asiatischen Küche ist sie nicht wegzudenken und dort die Würzgrundlage vieler Gerichte.

Knoblauch: Diese stark würzende Lauchart wird häufig in der asiatischen Küche verwendet und sollte möglichst frisch verarbeitet werden.

Kokosmilch: Irrtümlicherweise wird immer wieder angenommen, dass Kokosmilch der Saft der Kokosnuss ist. Tatsächlich wird zu ihrer Herstellung das geraspelte Fleisch der Kokosnuss gepresst und anschließend mit Wasser vermischt. Hierzulande kann man Kokosmilch in Dosen mit einem Inhalt von 400 ml in Asia-Läden oder in Supermärkten kaufen. Kokosmilch gibt vielen asiatischen Speisen, insbesondere Currygerichten, einen sehr delikaten und unverwechselbaren Geschmack.

Koriandergrün: Das in der asiatischen Küche beliebte Pendant zur Petersilie hat einen sehr intensiven Geschmack. Verwenden Sie es deshalb sparsam.

Krabbenpaste: Sie wird aus gemahlenen Krabben hergestellt und intensiviert bei Fischgerichten deren Geschmack. Da die Krabbenpaste sehr stark schmeckt und riecht, sollte man sie sparsam verwenden. Man kann stattdessen auch Anchovis oder Sardellenpaste verwenden.

Mirin: ein süßer japanischer Reiswein, ideal zum Marinieren oder als Zugabe zu Saucen oder gegrilltem Fleisch. Ersatzweise kann man auch Sherry nehmen. Er ist in gut sortierten Asia-Läden erhältlich.

Miso: Die mit Salz angereicherte, fermentierte Sojabohnenpaste erfreut sich vor allem in Japan großer Beliebtheit. Miso wird hauptsächlich in Verbindung mit Dashi zum Würzen von Suppen genommen und dient auch als Grundlage von Saucen.

Mungobohnenkeime: Die Sprossen der mit der Sojabohne verwandten Mungobohne sind als Frischware in Supermärkten oder Asia-Läden das ganze Jahr erhältlich. Selbstverständlich kann man sie auch als Dosenware erwerben.

Nori: Ist getrockneter oder gerösteter Seetang, der zu rechteckigen oder quadratischen Blättern gepresst ist. Man kann ihn als Zutat zu japanischen und koreanischen Gerichten im Asia-Laden kaufen. Nori findet Verwendung bei Sushis oder allgemein in japanischen Fleisch- oder Geflügelgerichten.

Nudeln: Asiatische Nudeln gibt es in verschiedenen Sorten. Glasnudeln werden aus Mungobohnen- oder Sojabohnenmehl hergestellt, Reisnudeln aus Reismehl und Wasser. Außerdem gibt es etliche Sorten von Eiernudeln, die zum Teil mit Fischpulver aromatisiert werden.

Glasnudeln

Reisnudeln

Eiernudeln

Mie-Nudeln

Öle: In der asiatischen Küche finden zum Braten oder Frittieren hauptsächlich Erdnuss- und Sojaöl Verwendung, da sie sich stark erhitzen lassen. Sesamöl, das aus gerösteten Sesamsamen hergestellt wird, wird hauptsächlich wegen seines nussartigen Aromas zum Verfeinern des Geschmacks verwendet und kommt meist am Schluss des Garvorgangs zu den Speisen. Sonnenblumenöl kann auch zum Garen im Wok genommen werden, doch sollte man es vorsichtig erhitzen, da es schneller verbrennt als beispielsweise das Erdnussöl.

Pflaumen-Sauce: Sie schmeckt ähnlich wie eine süßsaure Sauce, hat jedoch ein ausgesprochen fruchtiges Aroma und eignet sich vorzüglich zu Peking-Ente, Geflügel, Frühlingsrollen und geröstetem Fleisch. Pflaumen-Sauce gibt es in Supermärkten oder im Asia-Laden.

Pilze: Shiitake-Pilze und Mu-Err-Pilze sind sehr aromatisch und in der asiatischen Küche sehr beliebt. Man kann sie getrocknet kaufen und weicht sie vor der Zubereitung in lauwarmem Wasser ein.

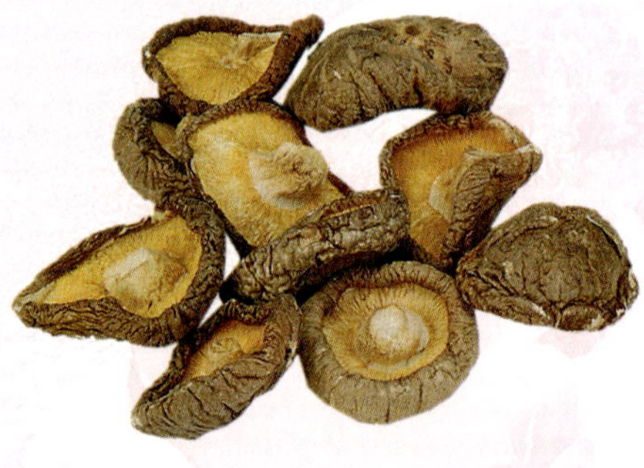

getrocknete Shiitake-Pilze

getrocknete Mu-Err-Pilze

Reisessig: ein aus Reis gewonnener Essig mit bis zu 3 % Säure. Er schmeckt wesentlich milder als unser Weinessig und begünstigt, wenn er in kleinen Mengen zu den Speisen hinzugegeben wird, deren Eigengeschmack. Als Ersatz kann aber auch verdünnter Obstessig dienen.

Reismehl: wird aus rohem, vermahlenen Reis hergestellt und dient unter anderem zur Herstellung von frischen Reisnudeln und auch zum Andicken von asiatischen Saucen. Reismehl sollte immer gut verschlossen gelagert werden.

Reiswein: ein vergorenes Getränk von goldgelber Farbe, das aus Reis hergestellt wird und einen Alkoholgehalt von bis zu 18 % entwickeln kann. Wahlweise können Sie in den Rezepten statt Reiswein auch einen trockenen Sherry nehmen.

Sesam: Vor allem in der japanischen und koreanischen Küche findet Sesam als schwarzer oder weißer Sesam Verwendung. Er sollte vor Verzehr oder Verarbeitung angeröstet und nachher in einem Mörser verrieben werden; auf diese Weise wird sein Geschmack intensiviert und er erhält sein typisches nussartiges Aroma.

Sojasauce: Ist als Würzmittel aus der asiatischen Küche nicht wegzudenken. Die japanische Sojasauce wird aus Sojabohnen, Salz und Weizenmehl durch einen Fermentierungsprozess hergestellt, die chinesische nur aus Sojabohnen und Salz. Beide haben ein würziges und volles Aroma. Durch ihren Salzgehalt erübrigt sich bei den meisten asiatischen Speisen das Nachwürzen mit Salz. Sojasauce gibt es in dunklen und hellen Sorten. Die hellen Sorten haben einen höheren Salzgehalt als die dunklen. Die dunklen Sorten zeichnen sich durch eine längere Reifezeit aus und schmecken kräftiger. Sojasauce eignet sich hervorragend zum

Marinieren, Dippen oder Würzen der Speisen.

Süße Chilisauce: Sie wird aus Chillies, Zucker, Salz und Essig hergestellt und in unterschiedlichen Schärfegraden in Asia-Läden angeboten. In der mild-süßen Ausführung eignet sie sich ausgezeichnet als Dip zu Frühlingsrollen, Fleisch- und Gemüsegerichten.

Tamarinde: Frucht der indischen Sauerdattel, deren Mark im Handel als Tamarindenmus erhältlich ist. Sie gibt Speisen eine säuerliche Note, die man aber auch durch Zugabe von Zitronensaft erzielen kann.

Tofu: In der asiatischen Küche neben Fleisch, Fisch und Eiern ein wichtiger Eiweißlieferant. Tofu, auch oft als Sojabohnenquark bezeichnet, ist ein Produkt aus gelben Sojabohnen, die in einem speziellen Verfahren verarbeitet werden, und hat eine quarkähnliche bis feste Konsistenz. Da er wenig Eigengeschmack besitzt, passt er sowohl zu süßen als auch zu deftigen Gerichten. In Suppen bevorzugt man Tofusorten von weicher Konsistenz, zum Braten oder Schmoren den festen Tofu. Tofu ist in den verschiedenen Sorten frisch in Asia-Läden, Supermärkten und auch Naturkostläden erhältlich und kann einige Tage im Kühlschrank frisch gehalten werden.

Wasserkastanien: Wasserkastanien haben einen schwach süßlichen Geschmack. In Asia-Läden kann man sie selten frisch erwerben, aber als gebrauchsfertige Dosenware sind sie stets verfügbar. Zusammen mit Zucker gegart, ergeben sie ein vorzügliches Dessert und sind auch häufig als Zutat bei Gemüsewoks zu finden.

Zimt: Zimtstangen sind ein Bestandteil des Fünf-Gewürz-Pulvers und geben asiatischen Gerichten und Desserts eine erfrischende Note. Zimt findet auch in Currymischungen Verwendung.

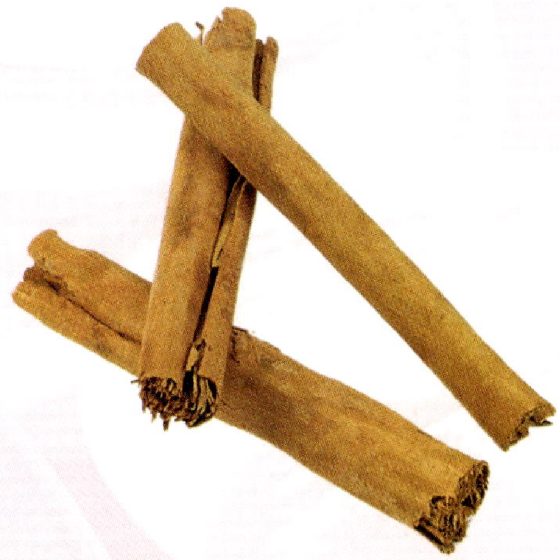

Zitronengras: eine aus Südostasien stammende Pflanze mit einem ausgeprägten, zitronenartigen Aroma, die pikanten Speisen eine besondere Note verleiht. Zitronengras wird überwiegend nach dem Garen aus dem Gericht genommen, da es hauptsächlich als Geschmacksgeber eingesetzt wird. Es ist in den meisten Asia-Läden erhältlich.

Wer es gerne scharf mag, wird auf rote **Chillies** nicht verzichten wollen. Chilischoten sind Früchte des Capsicum-Strauches und sorgen in vielen asiatischen Gerichten für eine feurige Schärfe. Aus getrockneten und gemahlenen Chillies wird beispielsweise der Cayennepfeffer hergestellt.

In diesem Buch gibt es etliche Gerichte, die mit roten Chilischoten oder Chilipulver gewürzt werden. **Vorsicht:** Wer Probleme mit scharf gewürzten Speisen hat, sollte die angegebenen Gewürzmengen entweder verringern oder ganz auf Chilischoten oder Chilipulver verzichten und statt dessen edelsüßes Paprikapulver verwenden.

Das gleiche gilt für **Sambal Oelek**: In dieser Sauce sind neben Salz, Zucker und Essig rote Chilischoten wesentlicher Würzbestandteil. Doch schon beim Einkauf kann man verschiedene Schärfegrade dieser Sauce wählen – von teuflisch scharf bis einfach nur scharf. In Supermärkten werden etliche, auf den europäischen Geschmack zugeschnittene Sorten angeboten, die nicht ganz so scharf schmecken, doch im Asia-Laden kann es schon einmal passieren, dass man sich in der Sorte vergreift. Schließlich sind hier die importierten Flaschen meist nur in der Originalsprache beschriftet und häufig nur mit sehr kleinen Banderolen in deutscher Sprache versehen, sodass man leicht zur viel zu scharfen Sorte greift. Lassen Sie sich also auf jeden Fall vor dem Kauf gut beraten und seien Sie am besten immer mit der Dosierung vorsichtig!

Bei einigen japanischen Gerichten, insbesondere Sushis, wird mit **Wasabi**, einer sehr scharfen japanischen Meerrettichpaste, gewürzt. Diese Paste kann Europäern schnell die Tränen in die Augen treiben. Deshalb gilt auch hier: Lieber mit Vorsicht verwenden und im Zweifel auf deutschen Meerrettich ausweichen!

Süße Chilisauce

Bei vielen asiatischen Gerichten ist die süße Chilisauce ein unverzichtbarer Bestandteil des Menüs. Ob sie mitgekocht wird oder als Dip gereicht wird, immer verleiht sie den Mahlzeiten eine pikante Note. Sie können sie bereits fertig kaufen oder selber machen. Dann schmeckt sie noch besser. Und so wird sie gemacht:

(China)

1 Zwiebel, 1 Stück frische Ingwerwurzel
1 Stange Porree, 4 Knoblauchzehen
Salz, 2 EL Erdnussöl
6 EL Tomatenmark, 2 TL Sambal Oelek
1 EL Reisessig, 3 EL Honig, 2 EL Reiswein
1 Msp. Chilipulver, 1 TL Reismehl

1 Die Zwiebel und den Ingwer schälen und fein hacken. Den Porree putzen, waschen und klein schneiden.

2 Den Knoblauch schälen und in einem Mörser mit 1 Teelöffel Salz zu einer Paste verreiben.

3 Das Öl in einem Wok erhitzen und die Zwiebel und die Knoblauchpaste darin unter Rühren 2–3 Minuten braten. Den Porree dazugeben und unter Rühren weitere 2–3 Minuten mitbraten.

4 Das Tomatenmark mit 150 ml Wasser, dem Sambal Oelek, dem Essig, dem Honig, dem Reiswein, dem Chilipulver und dem Reismehl vermischen und zum Gemüse geben. Das Ganze unter Rühren bei mittlerer Hitze etwa 5–7 Minuten köcheln lassen, bis die Flüssigkeit eindickt.

5 Anschließend die süße Chilisauce in eine Schüssel geben und mit einem Pürierstab pürieren.

Zubereitungszeit: ca. 30 Minuten
Pro Portion: ca. 110 kcal/462 kJ
2,2 g E, 5,2 g F, 12,1 g KH

In einem verschlossenen Gefäß kann man die süße Chilisauce problemlos mehrere Tage im Kühlschrank frisch halten und je nach Bedarf wieder aufwärmen.

Pikante Mangosauce

Zu chinesischen Geflügelgerichten passen auch fruchtige Saucen, wie z.B. eine pikante Mangosauce. Und so wird sie gemacht:

(China)

- 2 Mangos
- 1 Stück frische Ingwerwurzel
- 2 Knoblauchzehen
- 4 Frühlingszwiebeln
- 2 EL Erdnussöl
- 1 Msp. Chilipulver
- 2 EL Ketschup
- 150 ml Hühnerbrühe (Instant)
- 2 EL Sojasauce
- 1 EL Zitronensaft
- 1 TL Reismehl, 1 TL Zucker

1. Die Mangos schälen, halbieren und das Fruchtfleisch vom Kern lösen. Das Fruchtfleisch in kleine Würfel schneiden.

2. Den Ingwer und den Knoblauch schälen und fein hacken. Die Frühlingszwiebeln putzen, waschen und klein schneiden.

3. Das Öl in einem Wok erhitzen und den Ingwer, die Frühlingszwiebeln, den Knoblauch und das Chilipulver unter Rühren darin 1–2 Minuten braten.

4. Die Mangostücke und den Ketschup dazugeben, mit der Hühnerbrühe ablöschen und 3–5 Minuten bei mittlerer Hitze köcheln lassen.

5. Die Sojasauce mit dem Zitronensaft, dem Reismehl und dem Zucker mischen und in den Wok geben. Das Ganze unter Rühren bei mittlerer Hitze etwa 3–5 Minuten köcheln lassen, bis die Flüssigkeit eindickt.

6. Die pikante Mangosauce auf 1 Schälchen geben und zu Geflügel servieren.

Zubereitungszeit: ca. 25 Minuten
Pro Portion: ca. 145 kcal/609 kJ
4 g E, 7,1 g F, 15,8 g KH

Die pikante Mangosauce sollte zu jeder Mahlzeit frisch zubereitet werden. Die Mango ist in chinesischen Rezepten sehr beliebt und passt ausgezeichnet zu Ente.

Currypulver

Currypulver, wie wir Europäer es kennen und wie es überall in den Supermärkten im Gewürzregal erhältlich ist, ist im asiatischen Raum nahezu unbekannt und wird dort kaum verwendet. Curry wird dort aus frischen Gewürzzutaten zubereitet, und es existieren fast so viele verschiedene Curry-Rezepturen, wie es Köche gibt. Das Wort „Curry" leitet sich übrigens vom tamilischen „kari" (Sauce) ab. Doch unsere europäischen Gaumen müssen sich oft noch auf die Schärfe mancher asiatischen Gewürzmischungen einstellen, und vielen ist schon der Madras-Curry zu scharf, wie er in den meisten Asia-Läden als Fertigmischung angeboten wird. Das bei uns übliche Currypulver, das auch der „Currywurst" ihre Würze gibt, ist der „English-Style-Curry", der mild und aromatisch schmeckt. Currymischungen können in ihrer Schärfe natürlich variieren. Hier wurde eine aromatische Mischung ausgewählt, die folgendermaßen gemacht wird:

(Indien)

- 2 Stangen Zimt
- 3 EL Kreuzkümmelsamen
- 1 TL Nelken
- 3 EL Koriandersamen
- 1/2 TL schwarzer Pfeffer
- 1 TL Kardamomsamen
- 1/2 TL frisch geriebene Muskatnuss
- 2 EL Kurkuma

1. Den Zimt in kleine Stücke brechen. Den Kreuzkümmelsamen, die Nelken, den Koriandersamen, den schwarzen Pfeffer, den Kardamomsamen und den Zimt jeweils einzeln in einer heißen Pfanne ohne Fett bei starker Hitze anrösten. Wenn das Gewürz zu duften beginnt, auf einen Teller geben und abkühlen lassen.

2. Die abgekühlten Gewürze anschließend in einem Mörser zu einem feinen Pulver zerstoßen und mit der Muskatnuss und dem Kurkuma sorgfältig mischen.

Zubereitungszeit: ca. 20 Minuten
(plus 10 Minuten zum Abkühlen)

Diese Currymischung hält sich in einem luftdicht verschlossenen Gefäß über längere Zeit frisch, sollte aber an einem dunklen Ort aufbewahrt werden. Wer Probleme mit der Schärfe hat, kann den schwarzen Pfeffer auch weglassen. Weitere Bestandteile einer Currymischung können Fenchelsamen, Bockshornklee, Schwarzkümmelsamen, schwarze Senfkörner, Chilipulver oder getrocknete Chilischoten sein. Doch Vorsicht: Schnell ist des Guten zu viel getan! Denn Chilipulver oder getrocknete Chilischoten können eine wahre Folter für die Geschmacksnerven sein. Der schönen roten Farbe wegen kann man stattdessen edelsüßes Paprikapulver nehmen.

Reis – köstliche Vielfalt

Das wichtigste Grundnahrungsmittel in Asien ist der Reis. Reis wird beispielsweise in China seit über 6.000 Jahren als Kulturpflanze angebaut und hat sich im Laufe der Jahrhunderte über den ganzen asiatischen Raum verbreitet. Heute stammen 90 % der gesamten Weltproduktion aus Asien. Dabei sind die wichtigsten Anbauländer China, Indonesien, Indien und Thailand. Mittlerweile wird Reis aber auch in den vereinigten Staaten intensiv angebaut. Auch Länder wie Italien oder Spanien pflegen den Reisanbau. Der spanische Ribe-Reis ist eine wichtige Zutat zur Paella.

Reis wurde aus dem in Südostasien beheimateten **Wildreis** herangezüchtet, der aber nichts mit dem heute erhältlichen schwarzen Wildreis zu tun hat. Er gehört botanisch zu einer ganz anderen Gattung und stammt aus Nordamerika. Wildreis ist wegen seines nussartigen Geschmacks, der bei einem Röstvorgang entsteht, sehr geschätzt. Er ist verhältnismäßig teuer und wird daher hierzulande in den Geschäften hauptsächlich in Mischungen mit Langkornreis angeboten.

1

Beim **Naturreis** oder Braunreis ist das Reiskorn noch von einem Silberhäutchen umschlossen, das die wichtigsten Vital- und Ballaststoffe enthält. Bei der Weiterverarbeitung zum Weißreis werden die Reiskörner maschinell poliert. Jetzt hat der Reis zwar eine schöne weiße Farbe, aber viel von seinen Vitalstoffen verloren. Um dies zu vermeiden, wurde das Parboiling-Verfahren entwickelt. In diesem Verfahren wird der unpolierte Reis so behandelt, dass die Inhaltsstoffe des Silberhäutchens unter hohem Druck in das Reiskorn gepresst werden. Erst danach wird der Reis poliert. So hat man beides, weiße Farbe und wertvolle Inhaltsstoffe.

Ingesamt gibt es weltweit 8.000 verschiedene Reissorten. Man untescheidet sie nach ihrer Größe und Form in Rundkornreis, Mittelkornreis und Langkornreis. **Langkornreis** bleibt nach dem Kochen lockerer und fester als Rundkornreis und klebt nicht zusammen. Er eignet sich daher vorzüglich als Einlage für Curries, Salate oder Suppen. **Rundkornreis** klebt nach der Zubereitung zusammen, daher eignet er sich hauptsächlich für Sushis, Reistimbalen, Milchreis oder Desserts. **Mittelkornreis** liegt in seinen Eigenschaften zwischen dem Langkorn- und Rundkornreis. Er bleibt beim Kochen locker und körnig, klebt aber beim Abkühlen zusammen.

Eine typische Langkornreissorte ist der aus Indien stammende Basmatireis. Er verströmt schon beim Kochen ein herrliches Aroma. Der aus China und Thailand stammende Duft- oder Jasminreis hat die gleichen aromatischen Eigenschaften wie der Basmatireis. Weltweit am meisten verbreitet ist der aus Indien stammende Patna-Reis, der die Grundlage der meisten europäischen Reisgerichte bildet.

2

6

Typische Vertreter der Sorte Rundkornreis sind der Sushireis und der in Italien angebaute Milchreis, der hauptsächlich für Süßspeisen verwendet wird.

3

Klebreis zählt zur Sorte Mittelkornreis und zeichnet sich durch seinen hohen Stärkeanteil aus. Er klebt dadurch nach dem Kochen zusammen. Daher ist er gut formbar und lässt sich ideal weiterverarbeiten. Wer Reis mit Stäbchen essen möchte, sollte sich unbedingt am Klebreis versuchen.

5

Reis im Kochbeutel ist meist ein Langkorn- oder Patna-Reis, der dem Parboiling-Verfahren unterzogen wurde. Er wird im Kochbeutel gegart und hat eine etwas kürzere Garzeit als normaler Reis. Schnellkochreis ist ein vorgekochter und wieder getrockneter Reis, der sich durch extrem kurze Garzeiten auszeichnet, die zwischen 5–10 Minuten liegt. Dies geht allerdings häufig auf Kosten des Aromas. Meist ist er ein Bestandteil von Instant-Suppen oder anderen Schnellgerichten

Reis sollte man an einem kühlen, dunklen und trockenen Ort lagern, am besten in fest verschlossenen Gefäßen. So ist er vor Schädlingen geschützt und nimmt auch keine fremden Gerüche an, die sein Aroma nachhaltig stören können. Eine lichtgeschützte und kühle Lagerung gilt insbesondere für Natur- oder Braunreis, da die Fettanteile des Silberhäutchens ranzig werden können. Bei richtiger Lagerung bleibt der Reis aber lange haltbar.

4

1+ 6	**Wildreis**
2	**Langkornreis**
3	**Milchreis**
4	**Naturreis**
5	**Jasminreis**

Die Zubereitung von Reis ist denkbar einfach. Unabhängig von der Reissorte nimmt man für 1 Teil Reis 2 Teile Wasser, auf diese Weise wird der Reis besonders körnig. Auf die Zugabe von Salz kann man in den meisten Fällen verzichten, da die zu den Gerichten gereichten Saucen in der Regel sehr würzig sind und der Reis die Aromen voll aufnimmt. Wenn man den Reis mit Salz kocht, sollte man nur eine kleine Prise davon nehmen.

Klebreis

100 g Klebreis
Salz

1. Den Klebreis mit 200 ml Wasser und einer Prise Salz in einem Topf zum Kochen bringen und etwa 15 Minuten bei schwacher Hitze gar ziehen lassen.

2. Den Topf vom Herd nehmen und den Klebreis 10 Minuten ruhen lassen.

Zubereitungszeit: ca. 25 Minuten
Pro Portion: ca. 87 kcal/365 kJ
1,7 g E, 1,6 g F, 19,4 g KH

Langkornreis

150 g Langkornreis

1. Den Reis mit 300 ml Wasser in einem Topf zum Kochen bringen und etwa 15 Minuten bei schwacher Hitze gar ziehen lassen.

2. Den Topf vom Herd nehmen und den Langkornreis 5 Minuten ruhen lassen.

Zubereitungszeit: ca. 25 Minuten
Pro Portion: ca. 131 kcal/550 kJ
2,6 g E, 2,3 g F, 29,1 g KH

Köstliche Vorspeisen

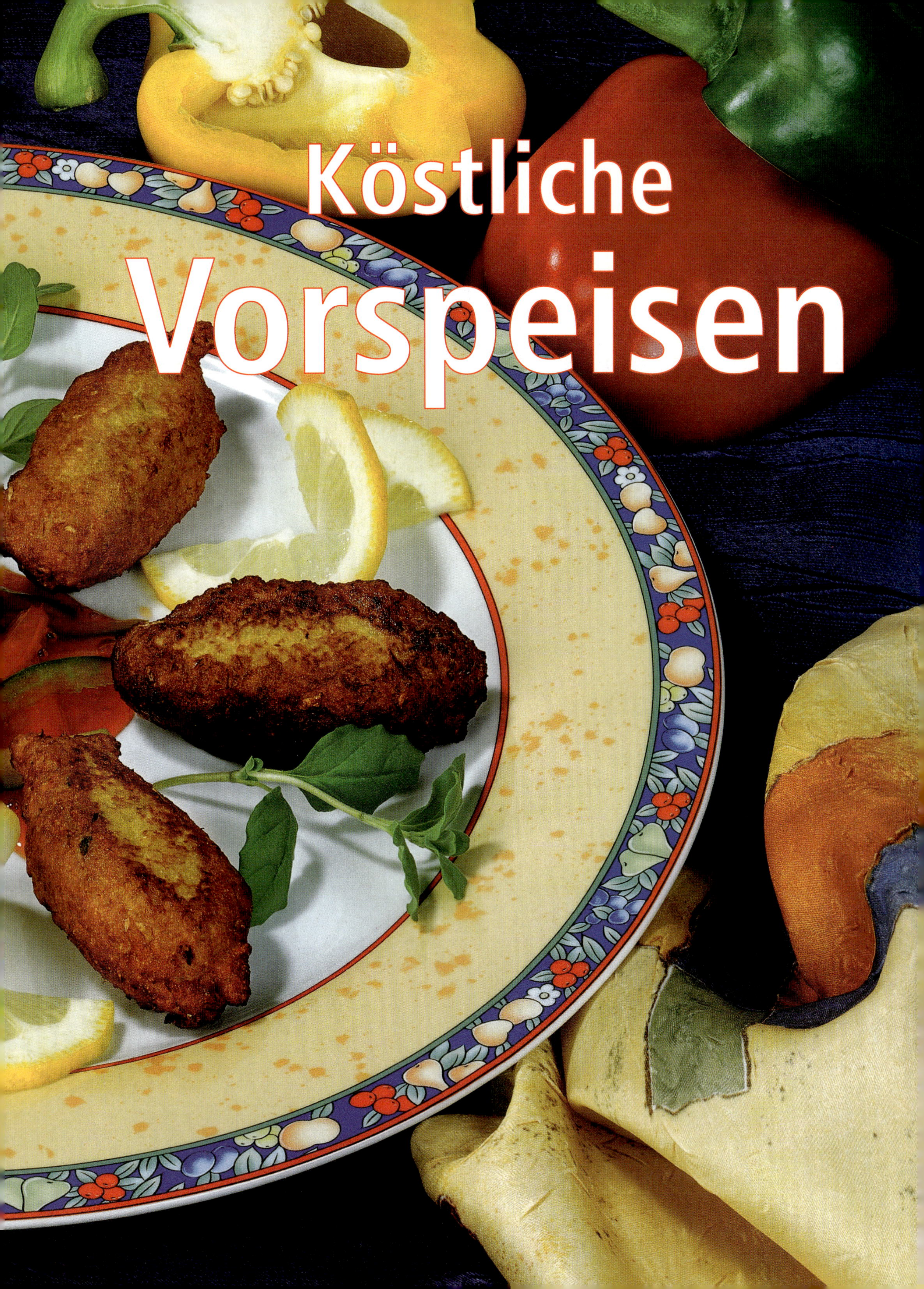

Tomaten-Garnelen-Schnitten

Für 4 Personen

(Indonesien)

600 g frische Garnelen
1 Zwiebel
100 g stückige Tomaten (a. d. Dose)
2 EL Zitronensaft
4 EL Krabbenpaste
Salz
1 Stück frische Ingwerwurzel
1 Knoblauchzehe
1/2 TL Fünf-Gewürz-Pulver (a. d. Asia-Laden)
4 EL Butter
12 Scheiben französisches Weißbrot
1 unbehandelte Limette
1/2 Bund Frühlingszwiebeln
1 Zweig Liebstöckel

1 Die Garnelen aufbrechen, das Fleisch aus der Schale lösen, seitlich einschneiden und den schwarzen Darm vorsichtig entfernen. In einem Topf 1 Liter Wasser erhitzen und die Garnelen darin etwa 5 Minuten bei mittlerer Hitze köcheln lassen. Danach die Garnelen auf ein Küchensieb geben und mit kaltem Wasser abschrecken. 12 Garnelen für die Garnierung beiseite legen.

2 Die Zwiebel schälen und klein schneiden. Die Tomatenstücke auf einem Küchensieb abtropfen lassen. Die Garnelen mit der Zwiebel, den Tomatenstücken, dem Zitronensaft, der Krabbenpaste und einer Prise Salz mischen und mit einem Pürierstab pürieren.

3 Den Ingwer schälen und fein hacken. Die Knoblauchzehe schälen, durch eine Knoblauchpresse drücken und mit dem Ingwer, dem Fünf-Gewürz-Pulver und der Butter vermischen. Die Kräuterbutter in einer beschichteten Pfanne erhitzen und die Weißbrotscheiben portionsweise darin von beiden Seiten anbraten.

4 Die Limette waschen und in Scheiben schneiden. Die Frühlingszwiebeln putzen, waschen und klein schneiden. Den Liebstöckel waschen, trockenschütteln und die Blättchen abzupfen. Die Weißbrotscheiben mit der Garnelenpaste bestreichen. Je 3 Weißbrotscheiben mit je 1 Garnele verziert auf 4 Teller geben, mit Limettenscheiben, Frühlingszwiebeln und Liebstöckel garnieren und servieren.

Zubereitungszeit: ca. 35 Minuten
Pro Portion: ca. 410 kcal/1722 kJ
38,4 g E, 12,4 g F, 34,8 g KH

Garnelen mit Kokosmilch

(Thailand)

Für 4 Personen

5 rote Chilischoten
400 g Garnelen
Salz
1 TL Zucker
4 EL Zitronensaft
weißer Pfeffer aus der Mühle
150 ml Kokosmilch (a. d. Dose)
1 Zweig frische Pfefferminze

1 1 Chilischote halbieren, entkernen, waschen und in feine Streifen schneiden. Die restlichen Chilischoten waschen.

2 Die Garnelen aufbrechen und das Fleisch aus der Schale lösen. Die Garnelen seitlich einschneiden und den schwarzen Darm vorsichtig entfernen. Dann die Garnelen gründlich abspülen und mit Küchenkrepp trockentupfen.

3 1/2 Teelöffel Salz, den Zucker, den Zitronensaft und reichlich Pfeffer über die Garnelen geben und das Ganze gut durchmischen.

4 Einen Dämpftopf 2 cm hoch mit Wasser füllen und das Wasser aufkochen. Die Garnelen in einem Siebeinsatz hineingeben und etwa 4–6 Minuten bei geschlossenem Deckel im Topf dämpfen lassen.

5 Inzwischen die Kokosmilch in einem Topf erhitzen.

6 Die Minze waschen, trockenschütteln und die Blättchen abzupfen. Die Garnelen auf 4 Schälchen geben, mit der heißen Kokosmilch übergießen, mit der gehackten Chilischote bestreuen, mit je einer Chilischote und der Pfefferminze garnieren und sofort servieren.

Zubereitungszeit: ca. 30 Minuten
Pro Portion: ca. 146 kcal/613 kJ
21,3 g E, 3 g F, 7,4 g KH

Fischbratlinge

(Japan)

Für 4 Personen

2 Zweige Zitronenmelisse
2 kleine Zwiebeln
2 Knoblauchzehen
1 Stück frische Ingwerwurzel
1 Zweig Kerbel
1 Stange Porree
1 rote Chilischote
300 g Seelachsfilet
2 Eier
2 EL Sojasauce
100 g grüne Bohnen (a. d. Dose)
4 EL Sojaöl
1 unbehandelte Zitrone
2 EL Mandelblättchen
4 EL süße Chilisauce

1 Die Zitronenmelisse in einer kleinen Schüssel in etwas heißem Wasser etwa 8–10 Minuten einweichen, danach auf einem Küchensieb abtropfen lassen.

2 Inzwischen die Zwiebeln und den Knoblauch schälen und fein hacken. Die Ingwerwurzel schälen und ebenfalls fein hacken. Den Kerbel waschen, trockenschütteln und mit dem Stiel klein schneiden. Den Porree putzen, waschen und in fingerdicke Ringe schneiden. Die Chilischote halbieren, entkernen, waschen und in feine Streifen schneiden. Etwas Porree und Chili für die Garnierung beiseite legen. Anschließend das Gemüse und die Kräuter mit einem Pürierstab pürieren.

3 Das Fischfilet waschen, trockentupfen, in kleine Würfel schneiden und mit dem Püree, den Eiern und der Sojasauce vermischen. Die grünen Bohnen auf einem Küchensieb abtropfen lassen, in Rauten schneiden, einige für die Garnierung beiseite legen, den Rest zur Fischmasse dazugeben und untermischen.

4 Aus der Masse kleine Küchlein formen, das Öl in einer beschichteten Pfanne erhitzen und die Küchlein darin 3–4 Minuten von beiden Seiten goldgelb braten. Anschließend abtropfen lassen.

5 Die Zitrone waschen und in Scheiben schneiden. Die Bratlinge auf 4 Teller geben, mit Porree, Chili, Bohnenrauten, Zitronenscheiben, Mandelblättchen und süßer Chilisauce garnieren und servieren.

Zubereitungszeit: ca. 50 Minuten
Pro Portion: ca. 133 kcal/559 kJ
19,3 g E, 4,8 g F, 2,9 g KH

Würziger Tofu

(Indonesien)

Für 4 Personen

400 g Tofu
3 Knoblauchzehen
1 Stück frische Ingwerwurzel
5 EL Reisessig
5 EL Sojasauce
3 EL fruchtige Sambal-Sauce
40 g Lollo Rosso
2 Möhren
1 Zweig Koriander
getrocknete Chilischoten
4 EL Erdnussöl

1 Den Tofu mit Küchenkrepp trockentupfen und in kleine Blöcke schneiden.

2 Den Knoblauch schälen und durch eine Knoblauchpresse drücken. Die Ingwerwurzel schälen und fein hacken.

3 In einer Schüssel 100 ml Wasser mit dem Knoblauch, dem Ingwer, dem Reisessig, der Sojasauce und der fruchtigen Sambal-Sauce mischen und die Tofublöcke darin 30 Minuten zugedeckt ziehen lassen.

4 Inzwischen den Lollo Rosso putzen, waschen und trockenschütteln. Die Möhren schälen, waschen und in feine Streifen schneiden. Den Koriander waschen, trockenschütteln und die Blättchen abzupfen. Die getrockneten Chilischoten fein hacken.

5 Das Öl in einer beschichteten Pfanne erhitzen und die Tofublöcke darin kurz von allen Seiten anbraten. Die Tofublöcke anschließend auf Küchenpapier abtropfen lassen.

6 Den Tofu auf 4 Teller geben, mit den fein gehackten Chilischoten bestreuen, mit dem Lollo Rosso, den Möhrenstreifen und dem Koriander dekorieren und servieren.

Zubereitungszeit: ca. 15 Minuten
(plus 30 Minuten zum Marinieren)
Pro Portion: ca. 291 kcal/1222 kJ
19,3 g E, 20,3 g F, 7,4 g KH

Mais-Erdnuss-Bratlinge

Für 4 Personen

(Indonesien)

300 g Mais (a. d. Dose)
30 g Frühlingszwiebeln
2 Knoblauchzehen
1 Stück frische Ingwerwurzel
1 rote Paprika
1/2 Bund Majoran
1 unbehandelte Zitrone
150 g geröstete Erdnüsse
1 Ei
2 EL Maismehl
125 ml Erdnussöl
4 EL süße Chilisauce

1 Die Maiskörner auf ein Küchensieb geben und gut abtropfen lassen. Die Frühlingszwiebeln putzen, waschen und klein schneiden. Den Knoblauch schälen und fein hacken. Die Ingwerwurzel schälen und ebenfalls fein hacken.

2 Die Paprika putzen, halbieren, entkernen, waschen und in feine Streifen schneiden. Den Majoran waschen und trockenschütteln. Die Zitrone waschen und in dünne Scheiben schneiden.

3 Den Mais, die Lauchzwiebeln, den Knoblauch und den Ingwer mit den Erdnüssen vermischen und mit einem Pürierstab pürieren. Das Ei und das Maismehl dazugeben und alles gut miteinander verrühren.

4 Das Erdnussöl in einem Wok erhitzen, die Maismehlmischung esslöffelweise hineingeben und im heißen Öl zu goldbraunen Bratlingen ausbacken. Die Bratlinge auf einem Abtropfgitter und auf saugfähigem Küchenpapier gut abtropfen lassen.

5 Im Anschluss daran die Bratlinge auf 4 Teller verteilen, je 1 Esslöffel süße Chilisauce auf die Mitte des Tellers geben, die Paprikastreifen darüber geben, mit den Majoranzweigen und den Zitronenscheiben garnieren und sofort servieren.

Zubereitungszeit: ca. 35 Minuten
Pro Portion: ca. 778 kcal/3268 kJ
18,3 g E, 53,8 g F, 56,3 g KH

Frühlingsrollen mit Fleisch-Gemüsefüllung

(China)

Für 4 Personen

12 TK-Frühlingsrollen-Teigplatten
3 Möhren
1 rote Paprika
300 g Weißkohl
80 g frische Mungobohnensprossen
1/2 Bund Frühlingszwiebeln
8 Wasserkastanien (a. d. Dose)
2 EL Sojaöl
150 g Schweinehack
2 EL Krabbenpaste (a. d. Tube)
2 EL Hoi-Sin-Sauce
4 EL Sojasauce
Salz
Pfeffer aus der Mühle
100 ml süße Chilisauce

Zum Frittieren:

500 ml Erdnussöl

1 Die Frühlingsrollen-Teigplatten mit einem feuchten Tuch abdecken und auftauen lassen.

2 Inzwischen die Möhren schälen, waschen und in Streifen schneiden. 4 Esslöffel Möhrenstreifen beiseite legen, den Rest fein hacken. Die Paprika putzen, halbieren, entkernen, waschen und fein würfeln.

3 Den Weißkohl putzen, waschen und in dünne Streifen schneiden. Die Mungobohnensprossen waschen und auf einem Küchensieb abtropfen lassen. Die Frühlingszwiebeln putzen, waschen und klein schneiden. Einige für die Garnierung beiseite legen. Die Wasserkastanien fein hacken.

4 Das Sojaöl in einem Wok erhitzen und das Hackfleisch darin unter Rühren 2–3 Minuten bei starker Hitze anbraten. Das Gemüse, Krabbenpaste, Hoi-Sin-Sauce und Sojasauce dazugeben und das Ganze 5–7 Minuten bei mittlerer Hitze unter Rühren dünsten lassen. Anschließend kräftig mit Salz und Pfeffer würzen und etwas abkühlen lassen.

5 Die Fleisch-Gemüsefüllung jeweils auf die Mitte eines Frühlingsrollen-Teigblattes geben. Den Rest des Teigblattes mit Wasser befeuchten und die untere Ecke über die Füllung klappen. Die seitlichen Ecken darüber klappen und das Ganze zur oberen Ecke hin aufrollen. Anschließend vorsichtig andrücken.

6 Das Erdnussöl im Wok erhitzen, die Frühlingsrollen darin goldgelb frittieren und auf einem Abtropfgitter abtropfen lassen. Je 3 Frühlingsrollen auf 4 Teller geben, mit den restlichen Frühlingszwiebeln und den Möhrenstreifen dekorieren und mit der süßen Chilisauce servieren.

Zubereitungszeit: ca. 1 Stunde
(plus 1 1/2 Stunden zum Auftauen)
Pro Portion: ca. 276 kcal/1159 kJ
17,9 g E, 14,2 g F, 18,4 g KH

Gemüsestifte mit Curry-Dip

Für 4 Personen

(Thailand)

- 1 Salatgurke
- 1 rote Paprika
- 3 Möhren
- 2 Stangen Staudensellerie
- 1 Kohlrabi
- 12 Frühlingszwiebeln
- 1 Zweig Liebstöckel

Für den Curry-Dip:

- 2 Eigelb
- 2 TL Curry
- Salz
- 2 TL Tamarindenmus (a. d. Asia-Laden)
- 200 ml Erdnussöl

1 Die Gurke waschen und längs halbieren. Die Kerne mit einem Löffel ausschaben und die Gurke in fingerdicke, etwa 10 cm lange Stücke schneiden.

2 Die Paprika putzen, halbieren, entkernen, waschen und in längliche Streifen schneiden.

3 Die Möhren schälen, waschen und ebenfalls in längliche Streifen schneiden.

4 Den Staudensellerie putzen, waschen und in 10 cm lange Stücke schneiden.

5 Den Kohlrabi schälen, waschen und in fingerdicke Stifte schneiden. Die Frühlingszwiebeln putzen und waschen.

6 Das Gemüse in kochendem Wasser 1 Minute blanchieren, mit kaltem Wasser abschrecken und abtropfen lassen.

7 Das Gemüse zu kleinen Bündeln zusammenfassen und mit je 1 Frühlingszwiebel zusammenbinden. Jedes Gemüsebündel sollte alle Gemüsesorten enthalten.

8 Das Eigelb mit dem Curry, 1/2 Teelöffel Salz und dem Tamarindenmus in einer Schüssel mit einem Schneebesen verrühren. Das Öl unter ständigem Rühren langsam dazugeben und das Ganze mit dem Schneebesen so lange schlagen, bis die Masse steif wird.

9 Den Liebstöckel waschen, trockenschütteln und die Blättchen abzupfen.

10 Je 3 Gemüsebündel mit dem Curry-Dip auf 4 Teller geben, mit Liebstöckel garnieren und servieren.

Zubereitungszeit: ca. 25 Minuten
Pro Portion: ca. 549 kcal/2306 kJ
5 g E, 53,8 g F, 12,5 g KH

Curry-Hähnchen auf Salat

Für 4 Personen

(Indonesien)

400 g Hähnchenbrustfilet
1 unbehandelte Zitrone
200 g gemischter Salat
3 EL Erdnussöl
2 EL Curry
Salz
4 TL Sesamöl

1 Das Hähnchenfleisch waschen, trockentupfen und in mundgerechte Stücke schneiden. Die Zitrone waschen, halbieren, die eine Hälfte auspressen, die andere in Scheiben schneiden. Den Salat putzen, waschen und trockenschütteln.

2 Das Erdnussöl in einer beschichtete Pfanne erhitzen und das Hähnchenfleisch zusammen mit dem Curry 5–7 Minuten unter Rühren bei mittlerer Hitze darin braten. Die Pfanne vom Herd nehmen und das Fleisch kräftig mit Salz würzen.

3 Den Salat auf 4 Teller geben, mit dem Zitronensaft und dem Sesamöl beträufeln, das Hähnchenfleisch darauf geben und mit 1 Zitronenscheibe garniert servieren.

Zubereitungszeit: ca. 20 Minuten
Pro Portion: ca. 285 kcal/1197 kJ
24,8 g E, 18,7 g F, 4,3 g KH

Hackbällchen „Shogun"

Für 4 Personen

(Japan)

100 g Klebreis
Salz
2 Knoblauchzehen
1/2 Bund Frühlingszwiebeln
100 g frische Champignons
1 kleine Stange Porree
1 rote Chilischote
1 rote, 1 gelbe und 1 grüne Paprika
500 g Hackfleisch (vom Schwein)
2 EL Mirin (süßer japanischer Reiswein)
2 EL Sojasauce
2 Eier
5 EL Erdnussöl
1/2 Bund Petersilie
1 Zweig Kerbel
Schale 1 unbehandelten Zitrone
80 ml süße Chilisauce

1 Den Reis mit 200 ml Wasser und einer Prise Salz in einem Topf zum Kochen bringen und etwa 15 Minuten bei schwacher Hitze gar ziehen lassen. Vom Herd nehmen und 10 Minuten ruhen lassen.

2 Inzwischen den Knoblauch schälen und fein hacken. Die Frühlingszwiebeln, die Champignons und den Porree putzen, waschen und in sehr kleine Stücke schneiden. Die Chilischote halbieren, entkernen, waschen und fein würfeln. Die Paprika putzen, halbieren, entkernen, waschen, in Streifen schneiden und beiseite stellen.

3 Das Gemüse mit dem Hackfleisch, dem Mirin, der Sojasauce und den Eiern mischen und aus der Masse mit angefeuchteten Händen Hackbällchen formen.

4 4 Esslöffel Öl in einer beschichteten Pfanne erhitzen und die Hackbällchen darin rundum etwa 4–6 Minuten bei mittlerer Hitze braten. Anschließend auf Küchenpapier abtropfen lassen.

5 Die Petersilie und den Kerbel waschen und trockenschütteln. Die Petersilie fein hacken, die Kerbelblättchen abzupfen. Die Zitronenschale in feine Streifen schneiden.

6 Eine Tasse mit dem restlichen Öl ausreiben, mit Reis füllen, den Reis etwas auspressen und die Tasse zu einer Reistimbale stürzen.

7 Die Hackbällchen mit den Paprikastreifen und je 1 Reistimbale auf 4 Teller geben, mit Petersilie, Kerbel und der Zitronenschale garnieren und servieren. Dazu die süße Chilisauce reichen.

Zubereitungszeit: ca. 45 Minuten
Pro Portion: ca. 646 kcal/2713 kJ
30 g E, 51,2 g F, 17,1 g KH

Exotische Suppen

Kokossuppe mit Schweinefleisch

Für 4 Personen

(Philippinen)

1 Stück frische Ingwerwurzel
1 rote Chilischote
150 g mageres Schweinefleisch
400 ml Kokosmilch (a. d. Dose)
1 unbehandelte Limette
1 Msp. Kreuzkümmel
1 TL Tabasco
1 TL Sambal Oelek
1 TL Salz

1 Die Ingwerwurzel schälen und in Scheiben schneiden. Die Chilischote halbieren, entkernen, waschen und in Streifen schneiden. Das Schweinefleisch waschen, mit Küchenkrepp trockentupfen und in mundgerechte Stücke schneiden.

2 Den Ingwer, die Chilischote, das Schweinefleisch, die Kokosmilch und 400 ml Wasser in einen Topf geben, kurz aufkochen lassen und bei schwacher Hitze 12–15 Minuten köcheln lassen.

3 Die Limette waschen und halbieren. Den Saft der einen Hälfte auspressen, die andere Hälfte in dünne Scheiben schneiden.

4 Die Suppe mit 2 Esslöffeln Limettensaft, Kreuzkümmel, Tabasco, Sambal Oelek und Salz würzen, auf 4 Suppenteller geben und mit Limettenscheiben garniert servieren.

Zubereitungszeit: ca. 30 Minuten
Pro Portion: ca. 82,2 kcal/345 kJ
9,8 g E, 1,7 g F, 6,6 g KH

Hähnchen-Gemüsesuppe süß-sauer

Für 4 Personen

(China)

400 g Hähnchenbrustfilet
1 Stange Porree
100 g Blumenkohl
1 rote Paprika
100 g frische Mungobohnensprossen
150 g grüne Erbsen (a. d. Dose)
1 l Hühnerbrühe (Instant)
4 EL Apfelessig
2 EL Sojasauce
3 EL Zucker
1 EL Sesamöl
Pfeffer aus der Mühle

1 Das Hähnchenfleisch waschen, trockentupfen und in mundgerechte Stücke schneiden. Den Porree putzen, waschen und in Ringe schneiden. Den Blumenkohl putzen, waschen und in kleine Röschen teilen. Die Paprika putzen, halbieren, entkernen, waschen und in Würfel schneiden. Die Mungobohnensprossen waschen und auf einem Küchensieb abtropfen lassen. Die Erbsen ebenfalls auf einem Küchensieb abtropfen lassen.

2 Die Hühnerbrühe in einem Topf erhitzen und das Hähnchenfleisch, den Blumenkohl, die Paprika, die Mungobohnensprossen und die Erbsen darin etwa 10 Minuten bei schwacher Hitze zugedeckt köcheln lassen. Den Apfelessig mit der Sojasauce, dem Zucker und dem Sesamöl mischen, mit dem Porree zur Suppe geben und das Ganze gut verrühren. Bei schwacher Hitze weitere 5 Minuten zugedeckt köcheln lassen.

3 Den Topf vom Herd nehmen und die Suppe mit Pfeffer kräftig abschmecken.

4 Die Suppe auf 4 vorgewärmte Suppenteller geben und servieren.

Zubereitungszeit: ca. 35 Minuten
Pro Portion: ca. 467 kcal/1961 kJ
51 g E, 21,3 g F, 16,8 g KH

Tomatencremesuppe mit Muscheln

Für 4 Personen

(Thailand)

700 g Tomaten
2 Zwiebeln
2 Knoblauchzehen
1/2 Bund Frühlingszwiebeln
1 unbehandelte Zitrone
300 g Miesmuscheln (a. d. Glas)
2 EL Erdnussöl
2 EL Mehl
500 ml Gemüsebrühe (Instant)
4 EL Tomatenmark
4 EL Sojasauce
Pfeffer aus der Mühle

1 Die Tomaten kreuzweise einritzen und kurz mit kochendem Wasser überbrühen. Die Tomaten häuten und in Würfel schneiden. Die Zwiebeln und den Knoblauch schälen und fein hacken. Die Frühlingszwiebeln putzen, waschen und klein schneiden. Die Zitrone waschen und in Scheiben schneiden. Die Muscheln auf einem Küchensieb gut abtropfen lassen.

2 Das Erdnussöl in einem Topf erhitzen. Die Zwiebeln und den Knoblauch darin andünsten. Das Mehl darüber stäuben und anschwitzen lassen. Die Tomaten dazugeben und 4–5 Minuten mitdünsten lassen. Mit der Gemüsebrühe ablöschen, das Tomatenmark einrühren und das Ganze 12–15 Minuten bei schwacher Hitze köcheln lassen. Ab und zu umrühren. Die Suppe mit einem Pürierstab pürieren.

3 Die Muscheln und die Frühlingszwiebeln in die Suppe geben und bei schwacher Hitze etwa 2–3 Minuten gar ziehen lassen. Anschließend die Suppe mit Sojasauce und Pfeffer würzen und vom Herd nehmen.

4 Die Suppe auf 4 Suppenterrinen verteilen, mit je einer Zitronenscheibe garnieren und sofort servieren.

Zubereitungszeit: ca. 35 Minuten
Pro Portion: ca. 214 kcal/899 kJ
12,8 g E, 9,6 g F, 18,4 g KH

Rindfleischsuppe mit Gemüse

(Indonesien)

Für 4 Personen

40 g Mu-Err-Pilze
750 g mageres Rindfleisch
3 EL Erdnussöl
2 Lorbeerblätter
1 rote und 1 gelbe Paprika
3 Möhren
200 g Chinakohl
100 g frische Mungobohnensprossen
2 Zwiebeln
2 Knoblauchzehen
1 Stück frische Ingwerwurzel
4 EL Sojasauce
1 Zweig Petersilie

1 Die Mu-Err-Pilze 1 Stunde in Wasser einweichen lassen. Das Rindfleisch waschen und trockentupfen. 2 Esslöffel Öl in einem Topf erhitzen und das Rindfleisch darin von allen Seiten anbraten. Mit 1 1/2 Liter Wasser ablöschen, die Lorbeerblätter dazugeben und das Ganze zugedeckt bei schwacher Hitze 1 1/2 Stunden köcheln lassen.

2 Inzwischen die Paprika putzen, halbieren, entkernen, waschen und in grobe Würfel schneiden. Die Möhren schälen, waschen und in Streifen schneiden. Den Chinakohl putzen, waschen und in Stücke schneiden. Die Mungobohnensprossen waschen und abtropfen lassen. Die Zwiebeln und den Knoblauch schälen und fein würfeln. Den Ingwer schälen und fein hacken.

3 Das gegarte Fleisch aus dem Topf nehmen und in mundgerechte Würfel schneiden. Die Brühe durchsieben und mit dem Fleisch zurück in den Topf geben.

4 Das restliche Öl in einer beschichteten Pfanne erhitzen und die Zwiebeln, den Knoblauch und den Ingwer darin unter Rühren 2–3 Minuten braten. Die Ingwermischung und die Sojasauce zur Brühe geben, aufkochen und das Ganze 20 Minuten köcheln lassen. Das Gemüse und die ausgedrückten Mu-Err-Pilze dazugeben und weitere 5–7 Minuten köcheln lassen.

5 Die Petersilie waschen, trockenschütteln und die Blättchen abzupfen. Die Suppe auf 4 Suppenteller geben, mit der Petersilie garnieren und servieren.

Zubereitungszeit: ca. 2 Stunden
Pro Portion: ca. 442 kcal/1856 kJ
59,7 g E, 16,1 g F, 15,7 g KH

Tomatensuppe mit Reis und Basilikum

(Kambodscha)

Für 4 Personen

50 g Langkornreis
700 g Tomaten
2 Zwiebeln
2 Knoblauchzehen
1 Stück frische Ingwerwurzel
1/2 Bund Basilikum
2 EL Erdnussöl
2 EL Mehl
500 ml Gemüsebrühe (Instant)
4 EL Tomatenmark
4 EL Sojasauce
Pfeffer aus der Mühle

1 Den Reis mit 100 ml Wasser in einem Topf aufkochen und etwa 15 Minuten bei schwacher Hitze gar ziehen lassen. Danach vom Herd nehmen und 5 Minuten ruhen lassen.

2 Inzwischen die Tomaten kreuzweise einritzen, kurz mit kochendem Wasser überbrühen. Die Tomaten häuten und in Würfel schneiden. Die Zwiebeln und den Knoblauch schälen und fein hacken. Den Ingwer schälen und fein raspeln. Das Basilikum waschen, trockenschütteln und die Blättchen abzupfen. Etwas Basilikum für die Garnierung beiseite legen, den Rest fein hacken.

3 Das Erdnussöl in einem Topf erhitzen. Die Zwiebeln und den Knoblauch darin andünsten. Das Mehl darüber stäuben und anschwitzen lassen. Die Tomaten, den Ingwer und das Basilikum dazugeben und etwa 4–5 Minuten mitdünsten lassen. Mit der Gemüsebrühe ablöschen, das Tomatenmark einrühren und alles 12–15 Minuten bei schwacher Hitze köcheln lassen.

4 Die Suppe mit einem Pürierstab pürieren. Den Reis in die Suppe geben und etwa 2–3 Minuten bei schwacher Hitze erwärmen. Dann die Suppe mit Sojasauce und Pfeffer würzen und vom Herd nehmen.

5 Die Suppe auf 4 Suppenterrinen verteilen, mit dem restlichen Basilikum garnieren und sofort servieren.

Zubereitungszeit: ca. 35 Minuten
Pro Portion: ca. 200 kcal/840 kJ
6,2 g E, 8,7 g F, 23,7 g KH

Scharfe Nudelsuppe „Hongkong"

(China)

Für 4 Personen

40 g Glasnudeln
200 g Rindfleisch
1 rote und 1 grüne Paprika
1/2 Bund Frühlingszwiebeln
80 g Erbsen (a. d. Dose)
60 g Bambussprossen (a. d. Dose)
1 Stück frische Ingwerwurzel
2 EL Erdnussöl
3 Msp. Chilipulver
800 ml Fleischbrühe (Instant)
2 EL Zitronensaft
4 EL Sojasauce
1 EL Tomatenmark
4 EL süße Chilisauce

1 Die Glasnudeln in 1 Liter heißes Wasser geben und abgedeckt 5 Minuten ziehen lassen. Die Glasnudeln auf ein Küchensieb geben und abtropfen lassen.

2 Das Rindfleisch waschen, trockentupfen und in kleine Stücke schneiden. Die Paprika putzen, halbieren, entkernen, waschen und in kleine Würfel schneiden. Die Frühlingszwiebeln putzen, waschen und klein schneiden. Die Erbsen und die Bambussprossen auf einem Küchensieb abtropfen lassen. Den Ingwer schälen und fein hacken.

3 Das Öl in einem Topf erhitzen und den Ingwer und das Chilipulver 1 Minute unter Rühren anbraten. Das Fleisch dazugeben und unter Rühren 2–3 Minuten mitbraten lassen. Das Gemüse dazugeben und weitere 2–3 Minuten mitbraten lassen.

4 Mit der Fleischbrühe ablöschen, den Zitronensaft, die Sojasauce, das Tomatenmark und die süße Chilisauce dazugeben und bei mittlerer Hitze 12–15 Minuten köcheln lassen.

5 Die Glasnudeln dazugeben und 4 Minuten bei schwacher Hitze miterhitzen.

6 Die Suppe auf 4 Suppentassen geben und servieren.

Zubereitungszeit: ca. 40 Minuten
Pro Portion: ca. 317 kcal/1331 kJ
31,2 g E, 13,9 g F, 15,9 g KH

Bihun-Suppe

(Indonesien)

Für 4 Personen

- 60 g Glasnudeln
- 200 g Hähnchenbrustfilet
- Salz
- Pfeffer aus der Mühle
- 2 EL Sojasauce
- 1 rote Paprika
- 200 g Champignons (a. d. Dose)
- 2 Zwiebeln
- 2 Knoblauchzehen
- 1 Stück frische Ingwerwurzel
- 1 Stange Porree
- 2 EL Sojaöl
- 1 l Hühnerbrühe (Instant)
- 1/2 Bund Frühlingszwiebeln

1 Die Glasnudeln in 1 Liter heißes Wasser geben und abgedeckt 5 Minuten ziehen lassen. Die Glasnudeln auf ein Küchensieb geben und abtropfen lassen.

2 Das Hähnchenfleisch waschen, trockentupfen, in Streifen schneiden, mit Salz und Peffer würzen und mit der Sojasauce beträufeln. Die Paprika putzen, halbieren, entkernen, waschen und dann in Streifen schneiden. Die Champignons auf einem Küchensieb abtropfen lassen. Die Zwiebeln und den Knoblauch schälen. Die Zwiebeln in dünne Ringe schneiden, den Knoblauch fein hacken. Den Ingwer schälen und fein hacken. Den Porree putzen, waschen und in Ringe schneiden.

3 Das Öl in einem Topf erhitzen und das Hähnchenfleisch darin kurz anbraten. Das Gemüse dazugeben und bei mittlerer Hitze unter Rühren 3–5 Minuten mitbraten lassen. Mit der Hühnerbrühe ablöschen, die Glasnudeln dazugeben und bei mittlerer Hitze etwa 8–10 Minuten köcheln lassen. Danach den Topf vom Herd nehmen.

4 Die Frühlingszwiebeln putzen, waschen und klein schneiden. Die Bihun-Suppe auf 4 Suppenteller geben, mit den Frühlingszwiebeln dekorieren und servieren.

Zubereitungszeit: ca. 30 Minuten
Pro Portion: ca. 359 kcal/1508 kJ
30,6 g E, 21,4 g F, 11 g KH

Pilz-Glasnudelsuppe

(China)

Für 4 Personen

- 40 g Shiitake-Pilze
- 40 g Glasnudeln
- 200 g Champignons (a. d. Dose)
- 1 Stück frische Ingwerwurzel
- 1/2 Bund Frühlingszwiebeln
- 1 l Gemüsebrühe (Instant)
- 3 EL Sojasauce

1 Die Shiitake-Pilze in reichlich warmem Wasser etwa 1 Stunde einweichen lassen. Danach aus dem Wasser nehmen und ausdrücken.

2 Inzwischen die Glasnudeln in 1 Liter heißes Wasser geben und abgedeckt 5 Minuten ziehen lassen. Die Glasnudeln auf ein Küchensieb geben und abtropfen lassen.

3 Die Champignons auf einem Küchensieb abtropfen lassen. Den Ingwer schälen und fein hacken. Die Frühlingszwiebeln putzen, waschen und ebenfalls fein hacken.

4 Die Gemüsebrühe in einem Topf erhitzen und die Shiitake-Pilze, die Champignons, den Ingwer und die Sojasauce dazugeben. Das Ganze bei mittlerer Hitze etwa 10 Minuten köcheln lassen.

5 Die Glasnudeln zur Suppe geben und bei mittlerer Hitze etwa 8–10 Minuten köcheln lassen. Anschließend den Topf vom Herd nehmen.

6 Die Suppe auf 4 Suppenterrinen verteilen, mit den Frühlingszwiebeln bestreuen und servieren.

Zubereitungszeit: ca. 25 Minuten
(plus 1 Stunde zum Einweichen)
Pro Portion: ca. 108 kcal/454 kJ
4,4 g E, 5,5 g F, 12,4 g KH

Tofusuppe „Osaka"

Für 4 Personen

(Japan)

250 g Tofu
1 Bund Lauchzwiebeln
90 g Dashi (japanische Instant-Brühe)
2 EL Mirin (süßer japanischen Reiswein)
100 g Miso (Sojabohnenpaste)

1 Den Tofu in kleine Würfel schneiden. Die Lauchzwiebeln putzen, waschen und in Stücke schneiden.

2 In einem Topf 1 Liter Wasser mit dem Dashi verrühren und erhitzen.

3 Den Reiswein mit der Sojabohnenpaste in einer Schüssel sorgfältig vermischen und in die Brühe geben. So lange rühren, bis sich die Paste in der Brühe aufgelöst hat. Die Brühe darf dabei nicht kochen!

4 Anschließend die Tofuwürfel in die Suppe geben und das Ganze etwa 5 Minuten bei schwacher Hitze gar ziehen, jedoch nicht aufkochen lassen.

5 Die Suppe in 4 Suppenterrinen geben, mit den Lauchzwiebeln garnieren und sofort servieren.

Zubereitungszeit: ca. 25 Minuten
Pro Portion: ca. 176 kcal/739 kJ
17,6 g E, 9,8 g F, 4,6 g KH

Sprossensuppe mit Hähnchenbrust

Für 4 Personen

(Korea)

60 g Shiitake-Pilze
400 g Hähnchenbrustfilet
1/2 TL schwarzer Pfeffer
2 EL Sojasauce
2 EL Sesamöl
300 g frische Mungobohnensprossen
4 Frühlingszwiebeln
1 l Hühnerbrühe (Instant)
1 Zweig Zitronenmelisse

1 Die Shiitake-Pilze in reichlich warmem Wasser etwa 1 Stunde einweichen lassen.

2 Das Hähnchenfleisch waschen, trockentupfen und in mundgerechte Stücke schneiden. Den schwarzen Pfeffer in einem Mörser fein zerstoßen, mit der Sojasauce und 1 Esslöffel Sesamöl mischen und das Hähnchenfleisch darin etwa 15 Minuten marinieren lassen.

3 Inzwischen die Mungobohnensprossen waschen und auf einem Küchensieb abtropfen lassen. Die Frühlingszwiebeln putzen, waschen und klein schneiden.

4 Das restliche Sesamöl in einem Topf erhitzen und das Hähnchenfleisch darin etwa 3–4 Minuten bei schwacher Hitze anbraten. Die Hühnerbrühe, die Mungobohnensprossen und die ausgedrückten Shiitake-Pilze dazugeben. Das Ganze bei mittlerer Hitze 25 Minuten zugedeckt köcheln lassen.

5 Anschließend den Topf vom Herd nehmen, die Frühlingszwiebeln in die Suppe einrühren und die Suppe 5 Minuten zugedeckt ziehen lassen.

6 Die Zitronenmelisse waschen, trockenschütteln und die Blättchen abzupfen. Die Suppe auf 4 Suppenteller geben, mit Zitronenmelisse garnieren und servieren.

Zubereitungszeit: ca. 35 Minuten
(plus 1 Stunde zum Einweichen)
Pro Portion: ca. 457 kcal/1919 kJ
50,1 g E, 23,6 g F, 14,4 g KH

Würzige Gemüsesuppe

Für 4 Personen

(Indonesien)

150 g Blumenkohl
100 g stückige Tomaten (a. d. Dose)
2 Zwiebeln
1 Bund Frühlingszwiebeln
150 g Chinakohl
1 TL Kreuzkümmel
4 Nelken
1 1/4 l Gemüsebrühe
2 EL Sojasauce
Pfeffer aus der Mühle
1 Zweig Majoran

1 Den Blumenkohl putzen, waschen und in Röschen teilen. Die Tomaten auf einem Küchensieb abtropfen lassen. Die Zwiebeln schälen und grob würfeln. Die Frühlingszwiebeln putzen, waschen und klein schneiden. Den Chinakohl putzen, waschen und ebenfalls klein schneiden.

2 Den Kreuzkümmel und die Nelken in einem Mörser zerstoßen.

3 Die Gemüsebrühe in einem Topf erhitzen, das Gemüse mit dem Kreuzkümmel, den Nelken und der Sojasauce hineingeben, mit Pfeffer würzen und das Ganze bei mittlerer Hitze 10–12 Minuten köcheln lassen.

4 Den Majoran waschen, trockenschütteln und die Blättchen abzupfen.

5 Die Suppe in 4 Suppenterrinen geben, mit dem Majoran garnieren und servieren.

Zubereitungszeit: ca. 25 Minuten
Pro Portion: ca. 98 kcal/412 kJ
3,5 g E, 6,6 g F, 5,9 g KH

Kantonesische Eiersuppe

Für 4 Personen **(China)**

800 ml Hühnerbrühe (Instant)
3 EL Pflaumenwein
1 EL Sesamöl
4 Eier
1 TL Fünf-Gewürz-Pulver (a. d. Asia-Laden)
1 EL Sojasauce
4 Frühlingszwiebeln
Salz

1 Die Hühnerbrühe in einem Topf mit dem Pflaumenwein und dem Sesamöl zum Kochen bringen.

2 Die Eier mit dem Fünf-Gewürz-Pulver und der Sojasauce verschlagen. Die Frühlingszwiebeln putzen, waschen und klein schneiden.

3 Die verschlagenen Eier langsam unter ständigem Rühren in die kochende Suppe einlaufen lassen. Danach die Suppe vom Herd nehmen und vorsichtig mit Salz abschmecken.

4 Die Eiersuppe auf 4 Suppenteller geben, mit den Frühlingszwiebeln dekorieren und sofort servieren.

Zubereitungszeit: ca. 15 Minuten
Pro Portion: ca. 324 kcal/1361 kJ
25,7 g E, 23,1 g F, 2,8 g KH

Fingerfood und Salate

Krabben-Hackfleisch-Snack

Für 4 Personen

(Philippinen)

80 g Eisbergsalat
50 g frische Champignons
1/2 Bund Kerbel
1 rote und 1 gelbe Paprika
1 Möhre
150 g Krabben (a. d. Glas)
3 Knoblauchzehen
1 Zweig Koriander
500 g Hackfleisch (vom Schwein)
2 EL Fischsauce
1 TL Sambal Oelek
1 Ei
Salz
8 Scheiben Toastbrot
150 ml Sojaöl
4 EL süße Chilisauce

1 Den Eisbergsalat putzen, waschen und trockenschütteln. Die Champignons putzen, waschen und in Scheiben schneiden. Den Kerbel waschen, trockenschütteln und die Blättchen abzupfen. Die Paprika putzen, halbieren, entkernen, waschen und in dünne Streifen schneiden. Die Möhre schälen, waschen und ebenfalls in dünne Streifen schneiden.

2 Die Krabben auf einem Küchensieb gut abtropfen lassen. Den Knoblauch schälen und fein hacken. Den Koriander waschen, trockenschütteln, die Blätter abzupfen und ebenfalls fein hacken. Das Ganze mit einem Pürierstab pürieren und in einer Schüssel mit dem Hackfleisch, der Fischsauce, dem Sambal Oelek, dem Ei und 1/2 Teelöffel Salz zu einem glatten Teig vermischen. Das Toastbrot entrinden, diagonal halbieren und die Fleischmasse gleichmäßig darauf verteilen.

3 Das Öl in einer beschichteten Pfanne erhitzen und je 2 Toaststücke mit dem Fleisch nach unten bei mittlerer Hitze 3–4 Minuten frittieren, dann wenden und von der anderen Seite 1–2 Minuten garen und aus der Pfanne nehmen. Die Toaststücke auf Küchenpapier abtropfen lassen.

4 Je 4 Toaststücke auf 1 Teller auf dem Eisbergsalat anrichten, mit den Champignonscheiben, dem Kerbel, den Paprika- und Möhrenstreifen garnieren, je 1 Esslöffel süße Chilisauce dazugeben und servieren.

Zubereitungszeit: ca. 45 Minuten
Pro Portion: ca. 165 kcal/693 kJ
14,8 g E, 9 g F, 6,4 g KH

Hackklößchen „Wang-Nam"

Für 4 Personen **(China)**

1 Zweig Koriander
4 Knoblauchzehen
Salz
600 g Hackfleisch (vom Schwein)
4 EL Sojasauce
1 Eigelb
6 EL Öl
1 rote Chilischote
2 EL Limettensaft
4 EL Erdnussbutter
1 TL Zucker
100 ml Kokosmilch (a. d. Dose)
1 Zweig Basilikum
4 EL Gemüsemais (a. d. Dose)

1 Den Koriander waschen, trockenschütteln, die Blätter abzupfen und fein hacken. Den Knoblauch schälen und mit etwas Salz zerdrücken. Die Hälfte vom Koriander und dem Knoblauch beiseite stellen.

2 Das Hackfleisch mit dem Koriander, dem Knoblauch, 2 Esslöffeln Sojasauce und dem Eigelb vermischen und mit Salz würzen. Aus der Masse mit angefeuchteten Händen kleine Klößchen formen. 4 Esslöffel Öl in einer beschichteten Pfanne erhitzen. Die Klößchen darin rundum etwa 4–6 Minuten bei mittlerer Hitze goldbraun braten. Anschließend auf Küchenpapier abtropfen lassen und warm stellen.

3 Die Chilischote halbieren, entkernen, waschen und feine Streifen schneiden. Das restliche Öl in einer beschichteten Pfanne erhitzen und die Chilischote mit dem restlichen Knoblauch andünsten. Den restlichen Koriander mit der restlichen Sojasauce, dem Limettensaft, der Erdnussbutter, dem Zucker und der Kokosmilch vermischen und in die Pfanne geben. Die Sauce bei mittlerer Hitze unter Rühren 4–7 Minuten köcheln lassen, bis sie eindickt.

4 Das Basilikum waschen, trockenschütteln und die Blätter abzupfen.

5 Die Hackklößchen auf 4 Teller verteilen, die Sauce dazugeben und darüber je 1 Esslöffel Mais streuen. Das Gericht mit den Basilikumblättern garnieren und servieren.

Zubereitungszeit: ca. 45 Minuten
Pro Portion: ca. 530 kcal/2226 kJ
31,2 g E, 42,5 g F, 6,7 g KH

Gefüllte Salatrollen

Für 4 Personen

(Indonesien)

100 g Klebreis
Salz
400 g Rinderfilet
1 unbehandelte Zitrone
1 rote Paprika
80 g Eisbergsalat
1 EL Erdnussöl
2 EL Reisessig
2 EL Sojasauce
Pfeffer aus der Mühle
1 Zweig Majoran

1 Den Reis mit 200 ml Wasser und einer Prise Salz in einem Topf zum Kochen bringen und etwa 15 Minuten bei schwacher Hitze gar ziehen lassen. Vom Herd nehmen und 10 Minuten ruhen lassen.

2 Das Rindfleisch waschen, trockentupfen und in Streifen schneiden. Die Zitrone halbieren, die eine Hälfte auspressen, die andere Hälfte in Scheiben schneiden und die Scheiben vierteln. Das Rindfleisch mit dem Zitronensaft beträufeln und etwa 30 Minuten marinieren lassen.

3 Inzwischen die Paprika putzen, halbieren, entkernen, waschen und in Streifen schneiden. Den Eisbergsalat putzen, waschen und die Blätter trockenschütteln.

4 Das Öl in einer beschichteten Pfanne erhitzen und das Rindfleisch darin unter Rühren bei mittlerer Hitze 3–4 Minuten braten. Die Paprikastreifen, den Reisessig und die Sojasauce dazugeben, mit Pfeffer würzen und unter Rühren 4–6 Minuten bei mittlerer Hitze mitdünsten lassen.

5 Anschließend die Rindfleisch-Paprika-Mischung mit dem Reis auf je 1 Salatblatt geben und dieses einrollen.

6 Den Majoran waschen, trockenschütteln und die Blättchen abzupfen.

7 Die gefüllten Salatrollen auf 4 Teller geben, mit dem Majoran und der Zitrone garnieren und servieren.

Zubereitungszeit: ca. 25 Minuten
(plus 30 Minuten zum Marinieren)
Pro Portion: ca. 331 kcal/1390 kJ
33,9 g E, 7 g F, 31,7 g KH

Möhrensalat

Für 4 Personen

(China)

8 Möhren
1 Tomate
1 unbehandelte Zitrone
40 g Chinakohl
1 Zweig Liebstöckel
2 EL weißer Sesam
2 EL Sojasauce
2 EL Reisessig
2 EL Sesamöl

1 Die Möhren schälen, waschen und in feine Streifen schneiden. Die Tomate waschen, den Stielansatz entfernen und die Tomate in Scheiben schneiden. Die Zitrone waschen und halbieren. Die eine Hälfte auspressen, die andere in Scheiben schneiden. Den Chinakohl putzen und waschen. Den Liebstöckel waschen, trockenschütteln und die Blättchen abzupfen.

2 Den Sesam in einer beschichteten heißen Pfanne ohne Fett unter Rühren anrösten. Den gerösteten Sesam mit dem Zitronensaft, der Sojasauce, dem Reisessig, dem Sesamöl und 2 Esslöffeln Wasser mischen, über die Möhrenstreifen geben und das Ganze gut vermischen.

3 Den Möhrensalat auf 4 Teller verteilen, mit den Tomatenscheiben, je 1 Zitronenscheibe, dem Chinakohl und dem Liebstöckel dekorieren und servieren.

Zubereitungszeit: ca. 15 Minuten
Pro Portion: ca. 157 kcal/659 kJ
4,5 g E, 9,7 g F, 12,2 g KH

Frühlingsrollen

(Thailand)

Für 4 Personen

20 TK-Frühlingsrollen-Teigplatten
60 g Glasnudeln
20 g Weißkohl
1 kleine Zwiebel
1 Knoblauchzehe
1 mittelgroße Möhre
80 g Bambussprossen (a. d. Dose)
120 g Sojasprossen (a. d. Dose)
1 Msp. Chilipulver
1 Msp. Koriander
Salz
1 Bund Frühlingszwiebeln
1 unbehandelte Limette
1 Zweig Zitronenmelisse
süße Chilisauce

Zum Frittieren:

500 ml Erdnussöl

1 Die Frühlingsrollen-Teigplatten mit einem feuchten Tuch abdecken und auftauen lassen. Die Glasnudeln etwa 20 Minuten in heißem Wasser einweichen, abtropfen lassen und in 3–5 cm breite Stücke schneiden.

2 Inzwischen den Weißkohl putzen, waschen und fein hacken. Die Zwiebel und den Knoblauch schälen und ebenfalls fein hacken. Die Möhre schälen, waschen und in kleine Würfel schneiden.

3 Das Gemüse mit den Glasnudeln, den Bambussprossen und den Sojasprossen mischen und mit Chilipulver, Koriander und Salz würzen.

4 Die Gemüsefüllung jeweils auf die Mitte eines Frühlingsrollen-Teigblattes geben. Den Rest des Teigblattes mit Wasser befeuchten und die untere Ecke über die Füllung klappen. Die seitlichen Ecken darüber klappen und das Ganze zur oberen Ecke hin aufrollen. Anschließend vorsichtig andrücken.

5 Die Frühlingszwiebeln putzen, waschen und klein schneiden. Die Limette waschen und vierteln. Die Zitronenmelisse waschen, trockenschütteln und die Blätter abzupfen.

6 Das Erdnussöl in einem Wok erhitzen, die Frühlingsrollen darin goldgelb frittieren und auf einem Abtropfgitter abtropfen lassen. Die Frühlingsrollen auf 4 Teller geben, mit den Frühlingszwiebeln, der Limette, den Melisseblättern und der süßen Chilisauce dekorieren und servieren.

Zubereitungszeit: ca. 50 Minuten
(plus 1 1/2 Stunden zum Auftauen)
Pro Portion: ca. 310 kcal/1302 kJ
9,9 g E, 6,4 g F, 52,2 g KH

Papaya-Salat

(Philippinen)

Für 4 Personen

100 g Krabben (a. d. Glas)
2 Papayas (ca. 800 g)
100 g Eisbergsalat
3 Knoblauchzehen
6 EL Limonensaft
6 EL Fischsauce
1 TL Tabasco
1 TL Zucker
2 Zitronen
1/2 Bund Frühlingszwiebeln
1 rote Paprika
1/2 Bund Petersilie

1 Die Krabben auf einem Küchensieb abtropfen lassen. Die Papayas schälen, halbieren, entkernen und das Fruchtfleisch in Streifen schneiden. Den Eisbergsalat waschen und trockenschütteln.

2 Den Knoblauch schälen, durch eine Knoblauchpresse drücken und in einem Mörser mit den Krabben, dem Limonensaft, der Fischsauce, dem Tabasco und dem Zucker zu einer glatten Masse verarbeiten. Die Masse in einer Schüssel mit den Papayastreifen mischen.

3 Im Anschluss daran die Zitronen schälen und in Scheiben schneiden. Die Frühlingszwiebeln putzen, waschen und in feine Streifen schneiden. Die Paprika putzen, halbieren, entkernen, waschen und in grobe Würfel schneiden. Die Petersilie waschen, trockenschütteln und die Blättchen abzupfen.

4 Die Papayastreifen auf 4 Tellern auf dem Eisbergsalat anrichten, mit den Zitronenscheiben, den Frühlingszwiebeln, den Paprikawürfeln und der Petersilie dekorieren und servieren.

Zubereitungszeit: ca. 20 Minuten
Pro Portion: ca. 112 kcal/470 kJ
8,2 g E, 3,3 g F, 11,8 g KH

Pfannkuchen mit Gemüsereis

Für 4 Personen

(China)

80 g Klebreis
Salz
1 unbehandelte Zitrone
40 g Salatgurke
60 g Staudensellerie
1 Möhre
60 g Kohlrabi
1 rote Paprika
2 Knoblauchzehen
6 EL Erdnussöl
8 EL süße Chilisauce
4 EL Sojasauce
2 EL Reiswein
1 Msp. Chilipulver
80 g Reismehl
80 g Mehl
2 Eier
150 ml Milch
1 Zweig Zitronenmelisse

1 Den Reis mit 160 ml Wasser und einer Prise Salz in einem Topf zum Kochen bringen und etwa 15 Minuten bei schwacher Hitze gar ziehen lassen. Vom Herd nehmen und 10 Minuten ruhen lassen.

2 Inzwischen die Zitrone waschen und halbieren. Die eine Hälfte auspressen, die andere in Scheiben schneiden. Die Salatgurke waschen, in dünne Streifen schneiden und diese fein würfeln. Den Staudensellerie putzen, waschen und fein würfeln. Die Möhre und den Kohlrabi schälen, waschen und fein würfeln. Die Paprika putzen, halbieren, entkernen, waschen und ebenfalls in feine Würfel schneiden. Den Knoblauch schälen und fein hacken.

3 2 Esslöffel Öl in einer beschichteten Pfanne erhitzen und den Knoblauch darin etwa 1 Minute andünsten.

4 Das übrige Gemüse dazugeben und bei mittlerer Hitze unter Rühren 5–7 Minuten mitdünsten lassen. 4 Esslöffel süße Chilisauce mit der Sojasauce, dem Reiswein, dem Chilipulver, 2 Teelöffeln Reismehl und dem Zitronensaft vermischen und zum Gemüse in die Pfanne geben. Unter Rühren bei mittlerer Hitze köcheln lassen, bis die Flüssigkeit zu einer sämigen Sauce eindickt.

5 Den Reis dazugeben, gut unterrühren und bei schwacher Hitze 2–3 Minuten miterhitzen. Danach die Pfanne vom Herd nehmen und den Gemüsereis warm stellen.

6 Das restliche Reismehl mit dem Mehl, den Eiern, der Milch und einer Prise Salz zu einem Teig verrühren.

7 Das restliche Öl in einer beschichteten Pfanne erhitzen und den Teig darin portionsweise zu 4 goldgelben Pfannkuchen ausbacken.

8 Den Gemüsereis auf die Mitte der Pfannkuchen geben.

9 Anschließend die gefüllten Pfannkuchen zu einer Rolle zusammenschlagen.

10 Die Zitronenmelisse waschen, trockenschütteln und die Blättchen abzupfen. Je 1 gefüllte Pfannkuchenrolle und jeweils 1 Esslöffel süße Chilisauce auf 4 Teller geben, mit Zitronenscheiben und Zitronenmelisse garnieren und servieren.

Zubereitungszeit: ca. 40 Minuten
Pro Portion: ca. 504 kcal/2117 kJ
14,7 g E, 22 g F, 59,5 g KH

Tomatensalat mit frischer Minze

Für 4 Personen

(Indien)

4 EL Zitronensaft
Salz
1 Msp. Zucker
2 Msp. Chilipulver
8 Tomaten
4 Zweige frische Minze

1 Den Zitronensaft mit 1/2 Teelöffel Salz, dem Zucker und dem Chilipulver mischen.

2 Die Tomaten waschen, von den Stielansätzen befreien und die Tomaten in dünne Scheiben schneiden. Die Minze waschen, trockenschütteln und fein hacken. Einige Minzeblätter für die Dekoration beiseite legen. Die Tomaten mit der gehackten Minze mischen.

3 Das Dressing über den Salat gießen und das Ganze wiederum gut mischen.

4 Den Salat auf 4 Teller geben, mit den restlichen Minzeblättern dekorieren und servieren.

Zubereitungszeit: ca. 10 Minuten
Pro Portion: ca. 32 kcal/134 kJ
1,4 g E, 0,4 g F, 4,8 g KH

Gedünsteter Gemüsesalat

(Korea)

Für 4 Personen

100 g Staudensellerie
100 g Zuckererbsen
4 Möhren
150 g Knollensellerie
1 rote und 1 gelbe Paprika
2 Stangen Porree
2 Knoblauchzehen
3 EL Sojaöl
2 EL schwarzer Sesam
3 EL Reisessig
3 EL Mirin (süßer japanischer Reiswein)
2 EL Sojasauce
2 EL fruchtige Sambal-Sauce
1 TL brauner Zucker
Salz
40 g geröstete Erdnüsse

1 Den Staudensellerie putzen, waschen und klein schneiden. Die Zuckererbsen waschen und in Stücke schneiden. Die Möhren und den Knollensellerie schälen und waschen, die Möhren würfeln und den Knollensellerie in dünne Scheiben schneiden. Die Paprika putzen, halbieren, entkernen, waschen und ebenfalls würfeln. Den Porree putzen, waschen und in Ringe schneiden. Den Knoblauch schälen und fein hacken.

2 1 Esslöffel Öl in einer beschichteten Pfanne erhitzen und den Porree und den Knoblauch 2–3 Minuten darin andünsten. Das restliche Gemüse dazugeben, mit 100 ml Wasser ablöschen und zugedeckt bei mäßiger Hitze etwa 5–7 Minuten gar ziehen lassen. Das Gemüse sollte jedoch noch bissfest sein. Danach das Gemüse auf ein Küchensieb geben, mit kaltem Wasser abschrecken und beiseite stellen.

3 Den schwarzen Sesam in einer beschichteten heißen Pfanne ohne Fett kurz anrösten.

4 Das restliche Öl mit 2 Esslöffeln Wasser, dem Reisessig, dem Mirin, der Sojasauce, der fruchtigen Sambal-Sauce, dem braunen Zucker und einer Prise Salz verrühren.

5 Das Gemüse auf 4 Teller geben, mit dem Dressing begießen, mit den Erdnüssen und dem gerösteten schwarzen Sesam bestreuen und servieren.

Zubereitungszeit: ca. 35 Minuten
Pro Portion: ca. 279 kcal/1172 kJ
10 g E, 17,5 g F, 17,7 g KH

Hähnchenbrustspieße

(Indonesien)

Für 4 Personen

- 800 g Hähnchenbrustfilet
- 1 Zwiebel
- 2 Knoblauchzehen
- 1 EL Rohrzucker
- 2 EL Fischsauce
- 6 EL Sojasauce
- 100 g Chinakohl
- 2 Möhren
- 4 Schalotten
- 1 Zweig Basilikum
- 1 EL Erdnussöl
- 8 Holzspieße

1 Das Hähnchenfleisch waschen, trockentupfen, in mundgerechte Stücke schneiden und auf 8 Holzspieße stecken.

2 Die Zwiebel und den Knoblauch schälen, klein schneiden, mit dem Rohrzucker, der Fischsauce, 2 Esslöffeln Sojasauce und 4 Esslöffeln Wasser vermischen und das Ganze mit einem Pürierstab pürieren. Das Hähnchenfleisch mit der Paste bestreichen. Die Hähnchenspieße mit Folie abdecken und 3–4 Stunden marinieren lassen.

3 Inzwischen den Chinakohl putzen, waschen und klein schneiden. Die Möhren schälen, waschen und in Streifen schneiden. Die Schalotten schälen und in Ringe schneiden. Das Basilikum waschen, trockenschütteln und die Blättchen abzupfen.

4 Den Backofen auf 200 °C vorheizen und die Hähnchenspieße darin 20 Minuten garen lassen. Nach 10 Minuten Garzeit die Hähnchenspieße drehen.

5 Das Öl in einer Pfanne erhitzen und die Schalotten darin glasig dünsten.

6 Je 2 Hähnchenspieße mit dem Chinakohl, den Möhrenstreifen und den gedünsteten Schalotten auf 4 Teller geben, die restliche Sojasauce jeweils über die Schalotten träufeln, mit dem Basilikum garnieren und anschließend servieren.

Zubereitungszeit: ca. 35 Minuten
(plus 4 Stunden zum Marinieren)
Pro Portion: ca. 302 kcal/1268 kJ
51,2 g E, 6,1 g F, 9,7 g KH

Marinierte Garnelen

(Thailand)

Für 4 Personen

- 800 g Garnelen
- Salz
- 1 Aubergine
- 2 EL Erdnussöl
- 4 EL Reisessig
- 4 EL Mirin (süßer japanischer Reiswein)
- 4 TL Palmzucker
- 3 EL Sojasauce
- 2 Möhren
- 1/2 Bund Frühlingszwiebeln
- 1 unbehandelte Zitrone
- 2 EL schwarzer Sesam

1 Die Garnelen aufbrechen und das Fleisch aus der Schale lösen. Die Garnelen seitlich einschneiden und den schwarzen Darm vorsichtig entfernen. In einem Topf 1 Liter leicht gesalzenes Wasser aufkochen und die Garnelen bei mittlerer Hitze darin 4–6 Minuten garen lassen. Danach die Garnelen auf einem Küchensieb mit kaltem Wasser abschrecken und abtropfen lassen.

2 Die Aubergine waschen, schälen und in Scheiben schneiden. Das Erdnussöl in einer Pfanne erhitzen und die Auberginenscheiben darin 4–6 Minuten dünsten.

3 In einer Schüssel den Reisessig mit dem Mirin, dem Palmzucker und der Sojasauce mischen und die Garnelen und die Auberginenstücke hineingeben. Beides 30 Minuten marinieren lassen.

4 Inzwischen die Möhren schälen, waschen und in Streifen schneiden. Die Frühlingszwiebeln putzen, waschen und klein schneiden. Die Zitrone waschen, in Scheiben schneiden und die Scheiben wiederum keilförmig schneiden.

5 Den Sesam in einer heißen Pfanne ohne Fett anrösten. Anschließend die Garnelen und die Auberginenstücke aus der Marinade nehmen und auf 4 Teller verteilen. Die Möhrenstreifen und die Frühlingszwiebeln dazugeben und mit den Zitronenstücken und dem schwarzen Sesam garniert servieren.

Zubereitungszeit: ca. 30 Minuten
(plus 30 Minuten zum Marinieren)
Pro Portion: ca. 312 kcal/1310 kJ
44,4 g E, 8 g F, 12,1 g KH

Knackiges Gemüse

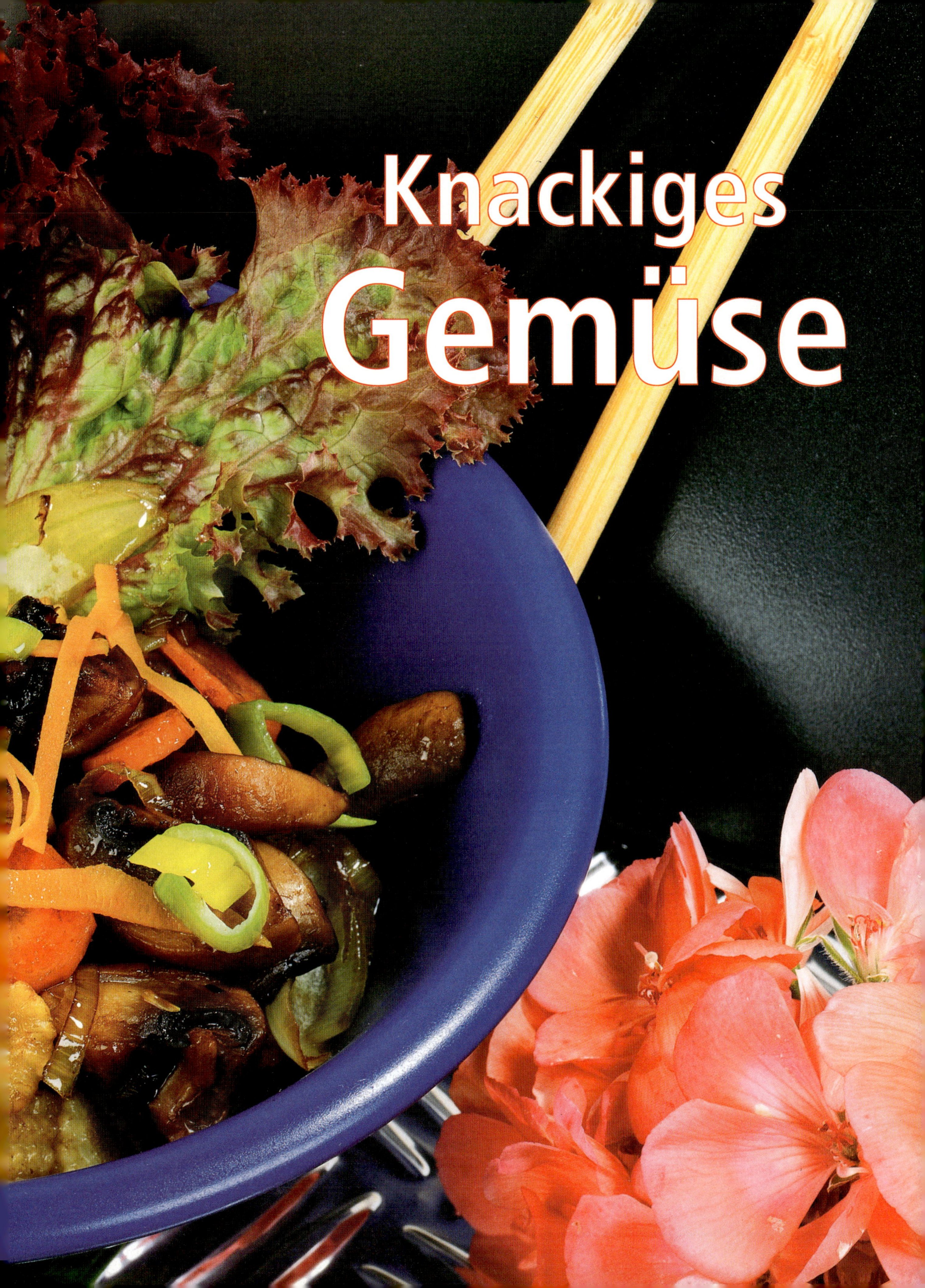

Scharfes Wokgemüse

Für 4 Personen

(China)

1/2 Bund Frühlingszwiebeln
1 rote Paprika
2 rote Chilischoten
100 g Weißkohl
2 Möhren
1 Stange Porree
80 g frische Mungobohnensprossen
100 g Bambussprossen (a. d. Dose)
80 g Zuckererbsen
1 Stück frische Ingwerwurzel
3 EL Erdnussöl
150 ml Gemüsebrühe (Instant)
3 EL Sojasauce
2 EL Reisessig
2 Msp. Chilipulver
1/2 TL Kreuzkümmel
1 Zweig Basilikum

1 Die Frühlingszwiebeln putzen, waschen und klein schneiden. Die Paprika putzen, halbieren, entkernen, waschen und in Streifen schneiden. Die Chilischoten halbieren, entkernen, waschen und in feine Streifen schneiden. Den Weißkohl putzen, waschen und klein schneiden.

2 Die Möhren schälen, waschen und in Streifen schneiden. Den Porree putzen, waschen und in Ringe schneiden. Die Mungobohnensprossen waschen und zusammen mit den Bambussprossen auf einem Küchensieb abtropfen lassen. Die Zuckererbsen waschen und in Stücke schneiden. Den Ingwer schälen und fein hacken.

3 Das Erdnussöl in einem Wok stark erhitzen und das Gemüse mit dem Ingwer darin unter ständigem Rühren etwa 5–7 Minuten braten.

4 Die Gemüsebrühe mit der Sojasauce, dem Reisessig, dem Chilipulver und dem Kreuzkümmel dazugeben und 6–8 Minuten bei mittlerer Hitze köcheln lassen.

5 Den Basilikum waschen, trockenschütteln und die Blättchen abzupfen. Das Gemüse mit dem Basilikum garnieren und servieren.

Zubereitungszeit: ca. 35 Minuten
Pro Portion: ca. 158 kcal/664 kJ
5,8 g E, 9,8 g F, 11 g KH

Pilze auf Chinakohl

Für 4 Personen

(China)

400 g gemischte Pilze (a. d. Glas), z. B. Stockschwämmchen, Austernpilze, Champignons
2 Zwiebeln
200 g Chinakohl
2 EL Erdnussöl
200 ml Fleischbrühe (Instant)
2 EL Sojasauce
50 ml süße Sahne
4 EL Reiswein
2 TL Reismehl
1 Zweig Basilikum

1 Die Mischpilze auf einem Küchensieb abtropfen lassen. Die Zwiebeln schälen und achteln. Den Chinakohl, putzen, waschen und die Blätter ablösen.

2 Das Öl in einer beschichteten Pfanne erhitzen und die Zwiebeln darin 2–3 Minuten glasig dünsten. Die Mischpilze dazugeben und unter Rühren weitere 2–3 Minuten mitdünsten. Mit der Fleischbrühe ablöschen, die Sojasauce dazugeben und das Ganze bei schwacher Hitze 3–4 Minuten köcheln lassen.

3 Inzwischen die Sahne mit dem Reiswein und dem Reismehl vermischen und zu den Pilzen geben. Bei mittlerer Hitze unter Rühren 2–3 Minuten weiterköcheln lassen, bis die Flüssigkeit eindickt. Danach die Pfanne vom Herd nehmen.

4 Den Chinakohl in kochendem Wasser 1 Minute blanchieren und mit kaltem Wasser abschrecken.

5 Das Basilikum waschen, trockenschütteln und die Blättchen abzupfen. Die Pilzpfanne über den blanchierten Chinakohlblättern auf 4 Teller geben, mit Basilikum garnieren und servieren.

Zubereitungszeit: ca. 35 Minuten
Pro Portion: ca. 160 kcal/672 kJ
7,6 g E, 10,9 g F, 5,6 g KH

Würziger Mais auf Eisbergsalat

Für 4 Personen

(China)

4 Gemüsemaiskolben (a. d. Dose)
2 EL Sojasauce
100 g Eisbergsalat
4 EL Reisessig
4 EL Sesamöl
1 unbehandelte Zitrone
1 unbehandelte Orange
1 Tomate
1 Stück frische Ingwerwurzel
1 Knoblauchzehe
1/2 TL Fünf-Gewürz-Pulver
4 EL Butter

1 Die Maiskolben auf einem Küchensieb abtropfen lassen und mit der Sojasauce beträufeln.

2 Den Eisbergsalat putzen, waschen, klein schneiden. Dann den Eisbergsalat mit dem Reisessig und dem Sesamöl beträufeln. Die Zitrone und die Orange waschen und in Scheiben schneiden. Die Tomate waschen, vom Stielansatz befreien und ebenfalls in Scheiben schneiden.

3 Den Ingwer schälen und fein hacken. Die Knoblauchzehe schälen, durch eine Knoblauchpresse drücken und mit dem Ingwer, dem Fünf-Gewürz-Pulver und der Butter vermischen. Die Kräuterbutter in einer beschichteten Pfanne erhitzen und die Maiskolben darin bei mittlerer Hitze etwa 6–8 Minuten von allen Seiten goldbraun braten.

4 Je 1 Maiskolben über dem Eisbergsalat auf 4 Teller geben, mit Zitronen-, Orangen- und Tomatenscheiben garnieren und sofort servieren.

Zubereitungszeit: ca. 25 Minuten
Pro Portion: ca. 333 kcal/1399 kJ
7,7 g E, 21,2 g F, 27 g KH

Bunter Gemüsesalat

Für 4 Personen

(Japan)

400 g frische Champignons
2 Stangen Porree
2 Möhren
2 Zwiebeln
300 g Maiskölbchen (a. d. Glas)
2 EL Erdnussöl
4 EL Mirin (süßer japanischer Reiswein)
4 EL Reisessig
3 EL Sojasauce
Salz
1 unbehandelte Zitrone
40 g Lollo Rosso

1 Die Champignons putzen, waschen und ohne die Stiele würfeln. Den Porree putzen, waschen und in Ringe schneiden. Die Möhren schälen, waschen und ebenfalls in Ringe schneiden. Die Zwiebeln schälen und achteln. Die Maiskölbchen auf einem Küchensieb abtropfen lassen und danach in Scheiben schneiden.

2 Das Erdnussöl in einer beschichteten Pfanne erhitzen und das Gemüse bei starker Hitze unter Rühren 4–6 Minuten darin dünsten.

3 Die Pfanne vom Herd nehmen und den Mirin, den Reisessig, die Sojasauce und eine Prise Salz zum Gemüse geben.

4 Die Zitrone waschen und in Scheiben schneiden. Den Lollo Rosso putzen, waschen und trockenschütteln. Das Gemüse auf 4 Teller geben, mit Zitrone und Lollo Rosso garnieren und servieren.

Zubereitungszeit: ca. 25 Minuten
Pro Portion: ca. 180 kcal/756 kJ
8,3 g E, 7 g F, 17,4 g KH

Scharfe Tofu-Nudelpfanne

Für 4 Personen

(China)

150 g Langkornreis mit Naturreis
400 g Mie-Nudeln
1 rote und 1 gelbe Paprika
5 Schalotten
2 Knoblauchzehen
1 rote Chilischote
400 g Tofu
2 EL Erdnussöl
3 EL Sojasauce
1/2 TL brauner Zucker
3 EL Reiswein
1/2 TL Reismehl
1 Msp. Chilipulver
Pfeffer aus der Mühle
2 hart gekochte Eier
4 Zweige Majoran
2 Frühlingszwiebeln
1 EL Sesamöl

1 Den Reis mit 300 ml Wasser in einem Topf aufkochen und etwa 15 Minuten bei schwacher Hitze gar ziehen lasen. Danach vom Herd nehmen und 5 Minuten ruhen lassen.

2 Inzwischen die Mie-Nudeln in einer Schüssel mit 1 Liter kochendem Wasser übergießen und 4 Minuten zugedeckt ziehen lassen. Danach auf ein Küchensieb geben, mit kaltem Wasser abschrecken und abtropfen lassen.

3 Die Paprika putzen, halbieren, entkernen, waschen und in Stücke schneiden. Etwas Paprika für die Garnierung in feine Streifen schneiden und beiseite legen. Die Schalotten schälen und achteln. Den Knoblauch schälen und fein hacken.

4 Die Chilischote halbieren, entkernen, waschen und in feine Streifen schneiden.

5 Den Tofu mit Küchenpapier sorgfältig trockentupfen und danach in mundgerechte Würfel schneiden.

6 Das Öl in einer beschichteten Pfanne erhitzen und die Tofuwürfel darin unter Wenden 2–3 Minuten anbraten. Die Würfel aus der Pfanne nehmen und auf Küchenpapier abtropfen lassen.

7 Das Gemüse in die Pfanne geben und bei mittlerer Hitze unter ständigem Rühren etwa 4–6 Minuten anbraten, anschließend aus der Pfanne nehmen.

8 Die Sojasauce mit dem braunen Zucker, dem Reiswein, dem Reismehl, dem Chilipulver, Pfeffer und 50 ml Wasser verrühren, in die Pfanne geben und erhitzen, bis die Flüssigkeit eindickt.

9 Die Mie-Nudeln und das Gemüse in die Pfanne geben, mit der Sauce verrühren und 1–2 Minuten unter Rühren bei mittlerer Hitze köcheln lassen. Die Tofu-Würfel in die Pfanne geben und etwa 1 Minute miterhitzen. Danach die Pfanne vom Herd nehmen.

10 Die Eier pellen und in Scheiben schneiden. Den Majoran waschen und trockenschütteln. Die Frühlingszwiebeln putzen, waschen und klein schneiden.

11 Eine Tasse mit dem Sesamöl ausreiben, mit Reis füllen, den Reis etwas auspressen und die Tasse zu einer Reistimbale stürzen.

12 Die Tofu-Nudelpfanne auf 4 Teller verteilen, je 1 Reistimbale darauf geben, mit den Eierscheiben, den Frühlingszwiebeln, der restlichen Paprika und dem Majoran garnieren und servieren.

Zubereitungszeit: ca. 40 Minuten
Pro Portion: ca. 558 kcal/2344 kJ
29 g E, 21,8 g F, 59,2 g KH

Eingelegte Gurke mit Sesam

Für 4 Personen (China)

2 Salatgurken
1 TL Zucker
2 EL Sojaöl
2 EL Zitronensaft
Salz
Pfeffer aus der Mühle
2 EL schwarzer Sesam

1 Die Gurken gründlich waschen, ungeschält der Länge nach in Streifen schneiden und diese in mundgerechte Stücke schneiden.

2 Die Gurkenstücke in einer Schüssel mit dem Zucker, dem Öl, dem Zitronensaft und etwas Salz und Pfeffer mischen und etwa 5 Minuten ruhen lassen.

3 Den Sesam in einer heißen Pfanne ohne Fett anrösten. Die eingelegten Gurkenstücke auf 4 Teller geben, mit dem Sesam bestreuen und dann servieren.

Zubereitungszeit: ca. 15 Minuten
Pro Portion: ca. 100 kcal/420 kJ
1,9 g E, 7,8 g F, 5,2 g KH

Scharfer Weißkohl

Für 4 Personen (China)

800 g Weißkohl
2 EL Erdnussöl
4 getrocknete Chilischoten
1 EL schwarze Pfefferkörner
1 TL Zucker
3 EL Reisessig
3 EL Reiswein
4 EL Sojasauce
1 Zweig Basilikum
1 TL Sesamöl

1 Den Weißkohl putzen, waschen, vom Strunk befreien und in Stücke schneiden.

2 Das Erdnussöl in einem Wok erhitzen und den Weißkohl mit den Chilischoten und den Pfefferkörnern darin bei mittlerer Hitze 4–6 Minuten unter Rühren andünsten.

3 Den Zucker, den Reisessig, den Reiswein und die Sojasauce mit 50 ml Wasser mischen und über den Weißkohl gießen. Das Ganze bei schwacher Hitze 3–4 Minuten köcheln lassen.

4 Den Wok vom Herd nehmen und die Chilischoten und die Pfefferkörner aus dem Weißkohl herausnehmen.

5 Das Basilikum waschen, trockenschütteln und die Blättchen abzupfen.

6 Den Weißkohl mit dem Sesamöl beträufeln, mit Basilikum garnieren und servieren.

Zubereitungszeit: ca. 20 Minuten
Pro Portion: ca. 150 kcal/630 kJ
5 g E, 8,3 g F, 11,4 g KH

Scharfes Gemüse mit Schweinefilet

Für 4 Personen

(China)

30 g Mu-Err-Pilze
200 g asiatische Bandnudeln
400 g Schweinefilet
3 Möhren
1 rote und 1 grüne Paprika
80 g frische Mungobohnensprossen
2 Zwiebeln
2 Knoblauchzehen
80 g Zuckerschoten
100 g stückige Ananas (a. d. Dose)
1 Stück frische Ingwerwurzel
3 EL Erdnussöl
6 EL Sojasauce
6 getrocknete Chilischoten
1 EL Sambal Oelek
1 EL Erdnussbutter
100 ml Fleischbrühe (Instant)

1 Die Mu-Err-Pilze 1 Stunde in Wasser einweichen lassen. Inzwischen 1 Liter Wasser in einem Topf aufkochen und die Bandnudeln darin 5–7 Minuten gar kochen. Die Nudeln auf einem Küchensieb mit kaltem Wasser abschrecken und abtropfen lassen.

2 Das Schweinefleisch waschen, trockentupfen und in mundgerechte Stücke schneiden. Die Möhren schälen, waschen und in Streifen schneiden. Die Paprika putzen, halbieren, entkernen, waschen und ebenfalls in Streifen schneiden.

3 Die Mungobohnensprossen waschen und abtropfen lassen. Die Zwiebeln und den Knoblauch schälen und fein hacken. Die Zuckerschoten putzen, waschen und klein schneiden. Die Ananasstücke auf einem Küchensieb abtropfen lassen. Den Ingwer schälen und fein hacken.

4 Das Öl in einem Wok erhitzen und das Schweinefleisch mit dem Ingwer darin etwa 4–6 Minuten unter Rühren scharf anbraten. Das Gemüse, die Ananas, die ausgedrückten Mu-Err-Pilze, die Sojasauce, die Chilischoten, den Sambal Oelek und die Erdnussbutter dazugeben und das Ganze unter Rühren weitere 6–8 Minuten bei mittlerer Hitze dünsten lassen.

5 Die Bandnudeln mit der Fleischbrühe in den Wok geben und das Ganze unter Rühren so lange erhitzen, bis die Nudeln heiß sind. Anschließend den Wok vom Herd nehmen, die Chilischoten herausnehmen und das Gericht servieren.

Zubereitungszeit: ca. 35 Minuten
(plus 1 Stunde zum Einweichen)
Pro Portion: ca. 541 kcal/2272 kJ
40,8 g E, 16,8 g F, 55,3 g KH

Curry-Gemüse

(Indonesien)

Für 4 Personen

- 3 Zwiebeln
- 4 Knoblauchzehen
- 1 Stück frische Ingwerwurzel
- 100 g grüne Bohnen
- 1 rote und 1 grüne Paprika
- 2 Auberginen
- 4 Kartoffeln
- 150 g Langkornreis
- 2 EL Erdnussöl
- 1 EL Curry
- 200 ml Kokosmilch (a. d. Dose)
- 2 EL Zitronensaft
- 2 EL Sojasauce
- 1 Msp. Chilipulver
- 1 Zweig Kerbel

1 Die Zwiebeln schälen und achteln. Den Knoblauch und den Ingwer schälen und fein hacken. Die grünen Bohnen putzen, waschen und klein schneiden. Die Paprika putzen, halbieren, entkernen, waschen und in kleine Würfel schneiden. Etwas Paprika für die Garnierung beiseite legen. Die Auberginen waschen und ebenfalls in kleine Würfel schneiden. Die Kartoffeln schälen, waschen und in Streifen schneiden.

2 Den Reis mit 300 ml Wasser in einem Topf aufkochen und etwa 15 Minuten bei schwacher Hitze gar ziehen lassen. Danach vom Herd nehmen und etwa 5 Minuten ruhen lassen.

3 Inzwischen das Öl in einer beschichteten Pfanne erhitzen und die Zwiebeln darin andünsten. Den Ingwer mit dem Knoblauch und dem Curry dazugeben und 1–2 Minuten unter Rühren mitdünsten lassen. Mit der Kokosmilch und 150 ml Wasser ablöschen. Die Kartoffeln, die Auberginen, den Zitronensaft, die Sojasauce und das Chilipulver dazugeben und das Ganze bei mittlerer Hitze 10–12 Minuten köcheln lassen. Das restliche Gemüse dazugeben und bei mittlerer Hitze 5–7 Minuten mitköcheln lassen.

4 Den Kerbel waschen, trockenschütteln und die Blättchen abzupfen. Das Gemüse mit dem Reis auf 4 Teller geben, mit restlicher Paprika und Kerbel dekorieren und servieren.

Zubereitungszeit: ca. 45 Minuten
Pro Portion: ca. 294 kcal/1235 kJ
8,3 g E, 6,8 g F, 48,5 g KH

Frischer Fisch und Meeresfrüchte

Thaigarnelen mit Reistimbale

Für 4 Personen

(Thailand)

800 g frische Garnelen
100 g Klebreis
Salz
1/2 Bund Kerbel
1 unbehandelte Limette
50 g Eisbergsalat
4 Knoblauchzehen
1 Zwiebel
1 rote, 1 gelbe und 1 grüne Paprika
1 rote Chilischote
1 Stück frische Ingwerwurzel
3 EL Erdnussöl
2 EL süße Chilisauce
2 EL Fischsauce

1 Die Garnelen aufbrechen, das Fleisch aus der Schale lösen, seitlich einschneiden und den schwarzen Darm vorsichtig entfernen.

2 Den Reis mit 200 ml Wasser und einer Prise Salz in einem Topf zum Kochen bringen und etwa 15 Minuten bei schwacher Hitze gar ziehen lassen. Vom Herd nehmen und 10 Minuten ruhen lassen.

3 Inzwischen den Kerbel waschen, trockenschütteln und die Blättchen abzupfen. Die Limette waschen und in dünne Scheiben schneiden. Den Eisbergsalat waschen, trockenschütteln und in Streifen schneiden. Den Knoblauch und die Zwiebel schälen, den Knoblauch fein hacken, die Zwiebel klein schneiden. Die Paprika putzen, halbieren, entkernen, waschen und grob würfeln. Die Chilischote halbieren, entkernen, waschen und in feine Streifen schneiden. Den Ingwer schälen und fein hacken.

4 2 Esslöffel Erdnussöl in einer beschichteten Pfanne erhitzen und den Knoblauch, die Zwiebel, den Ingwer, die Paprika und die Chilischote mit der Chili- und Fischsauce darin unter Rühren 2–3 Minuten bei mittlerer Hitze andünsten. Die Garnelen dazugeben und 5–7 Minuten bei schwacher Hitze mitdünsten lassen.

5 Eine Tasse mit dem restlichen Öl ausreiben, mit Reis füllen, den Reis etwas auspressen und die Tasse zu einer Reistimbale stürzen.

6 Die Thaigarnelen auf 4 Teller verteilen, je 1 Reistimbale darauf geben, mit dem Kerbel, den Limettenscheiben und dem Eisbergsalat garnieren und sofort servieren.

Zubereitungszeit: ca. 1 Stunde
Pro Portion: ca. 371 kcal/1558 kJ
52,3 g E, 15,2 g F, 5,7 g KH

Meeresfrüchte mit Tamarinde

(Thailand)

Für 4 Personen

600 g TK-Meeresfrüchte
150 g Langkornreis mit Naturreis
1 unbehandelte Zitrone
2 Stangen Porree
1/2 Bund Frühlingszwiebeln
4 Knoblauchzehen
1 Stück frische Ingwerwurzel
2 EL Erdnussöl
1/2 TL Chilipulver
4 EL Fischsauce
4 EL Sojasauce
3 TL Tamarindenmus oder 6 EL Tamarindensaft (a. d. Asia-Laden)
2 TL brauner Zucker
1 Zweig Zitronenmelisse

1 Die Meeresfrüchte auftauen lassen. Inzwischen den Reis mit 300 ml Wasser in einem Topf aufkochen und etwa 15 Minuten bei schwacher Hitze gar ziehen lassen. Danach vom Herd nehmen und etwa 5 Minuten ruhen lassen.

2 Die Zitrone waschen und halbieren. Die eine Hälfte auspressen, die andere in Scheiben schneiden. Den Porree putzen, waschen und in Ringe schneiden. Die Frühlingszwiebeln putzen, waschen und klein schneiden. Den Knoblauch und den Ingwer schälen und fein hacken.

3 Das Öl in einem Wok erhitzen und den Knoblauch, den Ingwer und das Chilipulver darin 1 Minute andünsten. Die Fischsauce, die Sojasauce, das Tamarindenmus, den braunen Zucker und 50 ml Wasser dazugeben und 1 Minute aufkochen lassen.

4 Die Meeresfrüchte mit dem Porree und den Frühlingszwiebeln in den Wok geben und etwa 6–8 Minuten unter Rühren bei mittlerer Hitze garen lassen. Danach den Reis dazugeben und 2–3 Minuten unter Rühren miterhitzen.

5 Die Zitronenmelisse waschen und trockenschütteln. Die Meeresfrüchte mit Zitronenscheiben und Zitronenmelisse garnieren und servieren.

Zubereitungszeit: ca. 20 Minuten
(plus 2 Stunden zum Auftauen)
Pro Portion: ca. 346 kcal/1453 kJ
21,6 g E, 10,1 g F, 41,2 g KH

Lachskoteletts mit Cashews

Für 4 Personen

(Indonesien)

4 Lachskoteletts (à 150 g)
1 unbehandelte Zitrone
Salz
3 Zwiebeln
2 EL Erdnussöl
60 g Cashewkerne
4 EL Sojasauce
4 EL Mirin (süßer japanischer Reiswein)
4 EL Reisessig
1/2 Bund Frühlingszwiebeln

1 Die Lachskoteletts entschuppen, waschen und trockentupfen. Die Zitrone waschen und halbieren. Die eine Hälfte auspressen, die andere in Scheiben schneiden. Die Lachskoteletts mit dem Zitronensaft beträufeln und jeweils mit etwas Salz würzen. Die Zwiebeln schälen und achteln.

2 Das Öl in einer beschichteten Pfanne erhitzen und die Zwiebeln darin 2–3 Minuten andünsten. Die Cashewkerne, die Sojasauce, den Mirin, den Reisessig und die Lachskoteletts dazugeben und das Ganze 8–10 Minuten bei mittlerer Hitze zugedeckt garen lassen.

3 Die Frühlingszwiebeln putzen, waschen und klein schneiden.

4 Die Lachspfanne auf 4 Teller geben, mit Frühlingszwiebeln und Zitronenscheiben garnieren und servieren.

Zubereitungszeit: ca. 25 Minuten
Pro Portion: ca. 370 kcal/1554 kJ
32,3 g E, 21,7 g F, 8,4 g KH

Kabeljau auf Rhabarbergemüse

Für 4 Personen

(Philippinen)

150 g Langkornreis
1 unbehandelte Zitrone
4 Kabeljaufilets (à 150 g)
weißer Pfeffer aus der Mühle
400 g Rhabarber
2 EL Erdnussöl
4 Knoblauchzehen
6 EL Sojasauce
4 EL Reiswein
1 Msp. Chilipulver
2 TL Zucker
1 Dillzweig
100 ml süße Chilisauce

1 Den Reis mit 300 ml Wasser in einem Topf aufkochen und etwa 15 Minuten bei schwacher Hitze gar ziehen lassen. Danach vom Herd nehmen und etwa 5 Minuten ruhen lassen.

2 Inzwischen die Zitrone waschen und halbieren. Die eine Hälfte auspressen, die andere in Scheiben schneiden. Die Kabeljaufilets waschen, trockentupfen, mit dem Zitronensaft beträufeln und mit Pfeffer würzen. Den Rhabarber putzen, schälen, waschen und in Scheiben schneiden.

3 Das Öl in einem Wok erhitzen und den Rhabarber darin 3–5 Minuten andünsten.

4 Den Knoblauch schälen und durch eine Knoblauchpresse drücken. Den Knoblauch mit der Sojasauce, dem Reiswein, dem Chilipulver und dem Zucker mischen und zum Rhabarber in den Wok geben. Die Kabeljaufilets dazugeben und das Ganze bei mittlerer Hitze zugedeckt 5–7 Minuten garen lassen.

5 Den Dill waschen, trockenschütteln und die Blättchen abzupfen.

6 Die Kabeljaufilets auf dem Rhabarbergemüse mit dem Reis anrichten. Die süße Chilisauce über die Filets geben, mit je 1 Zitronenscheibe und Dill garnieren und servieren.

Zubereitungszeit: ca. 25 Minuten
Pro Portion: ca. 412 kcal/1730 kJ
37,9 g E, 8,4 g F, 40,3 g KH

Muscheln mit Honig-Fenchelgemüse

(China)

Für 4 Personen

1,2 kg Miesmuscheln
4 Fenchelknollen
6 Knoblauchzehen
1 unbehandelte Zitrone
Salz
2 EL Erdnussöl
2 EL Honig
2 EL Hoi-Sin-Sauce

1 Die Miesmuscheln unter fließendem Wasser kräftig abbürsten (geöffnete Muscheln nicht verwenden!). Die Fenchelknollen waschen, putzen, halbieren und in Streifen schneiden. Den Knoblauch schälen und fein hacken. Die Zitrone waschen und in Scheiben schneiden.

2 In einem großen Topf 500 ml Wasser mit dem Knoblauch und 1 Teelöffel Salz aufkochen und die Muscheln darin etwa 15–18 Minuten bei mittlerer Hitze zugedeckt garen lassen. Nach dem Garen nur die geöffneten Muscheln verwenden!

3 Inzwischen das Öl in einer beschichteten Pfanne erhitzen und die Fenchelstreifen darin unter ständigem Rühren etwa 5–7 Minuten bei mittlerer Hitze braten. Den Fenchel vorsichtig mit Salz würzen.

4 Den Honig und die Hoi-Sin-Sauce unter den Fenchel rühren und weitere 3–4 Minuten unter Rühren bei mittlerer Hitze braten lassen. Danach die Pfanne vom Herd nehmen.

5 Die Muscheln mit dem Fenchelgemüse auf 4 vorgewärmte Teller geben, mit den Zitronenscheiben garnieren und servieren.

Zubereitungszeit: ca. 35 Minuten
Pro Portion: ca. 254 kcal/1067 kJ
24,6 g E, 8,6 g F, 18,9 g KH

Fisch im Backteig mit Gemüse

Für 4 Personen

(China)

600 g Gemüse, z.B. rote Paprika, Bambussprossen, Möhren, Zwiebeln, Brokkoli, Mu-Err-Pilze, Sojabohnensprossen
100 g Klebreis
Salz
400 g Seelachsfilet
2 EL Zitronensaft
2 Knoblauchzehen
300 ml Erdnussöl
1 EL Curry
150 ml Fleischbrühe (Instant)
2 EL Sojasauce
2 EL Fischsauce
2 TL Reismehl
1 Ei
1 Eigelb
50 ml Milch
80 g Mehl

1 Das Gemüse putzen, waschen und klein schneiden.

2 Den Reis mit 200 ml Wasser und einer Prise Salz in einem Topf zum Kochen bringen und etwa 15 Minuten bei schwacher Hitze gar ziehen lassen. Vom Herd nehmen und 10 Minuten ruhen lassen.

3 Inzwischen das Fischfilet waschen, trockentupfen und in mundgerechte Stücke schneiden. Den Fisch salzen und mit dem Zitronensaft beträufeln. Den Knoblauch schälen und fein hacken.

4 2 Esslöffel Erdnussöl in einer beschichteten Pfanne erhitzen und den Knoblauch und den Curry darin 1–2 Minuten andünsten. Das Gemüse dazugeben und unter Rühren 5–7 Minuten dünsten. Die Fleischbrühe mit der Sojasauce, der Fischsauce und dem Reismehl mischen und zum Gemüse geben. Unter Rühren bei mittlerer Hitze 3–4 Minuten köcheln lassen. Danach die Pfanne vom Herd nehmen und das Gemüse warm stellen.

5 Das Ei und das Eigelb mit der Milch und dem Mehl zu einem dünnflüssigen Teig verrühren und den Fisch im Teig wälzen. Das restliche Öl in einer beschichteten Pfanne erhitzen und den Fisch portionsweise darin goldbraun ausbraten, danach auf Küchenpapier abtropfen lassen.

6 Den Fisch mit dem Reis auf 4 Teller geben, das Gemüse auf den Fisch geben und sofort servieren.

Zubereitungszeit: ca. 45 Minuten
Pro Portion: ca. 449 kcal/1886 kJ
36,1 g E, 13 g F, 45,6 g KH

Sushi vom Räucherlachs mit Wasabi

Für 4 Personen

(Japan)

150 g Klebreis
1 TL Zucker
Salz
3 EL Reisessig
200 g Räucherlachs
1 rote Paprika
2 Frühlingszwiebeln
4 Noriblätter (getrockneter Seetang)
Wasabi (japanische Meerrettichpaste)
1 Zweig Kerbel
1 Zweig Majoran
1 kleine Stange Porree
Bambusmatte oder Backpapier

1 Den Klebreis mit 300 ml Wasser in einem Topf aufsetzen und 4–5 Minuten bei mittlerer Hitze köcheln lassen, bis der Reis das Wasser aufgenommen hat. Den Topf vom Herd nehmen und den Reis zugedeckt weitere 10 Minuten quellen lassen. Danach den Reis mit dem Zucker, 1/2 Teelöffel Salz und dem Reisessig mischen und in einer Schüssel im kalten Wasserbad kühl rühren.

2 Den Räucherlachs in dünne Scheiben schneiden. 4 Scheiben für die Garnierung beiseite legen, den Rest in Streifen schneiden. Die Paprika putzen, halbieren, entkernen, waschen und in feine Streifen schneiden. Die Frühlingszwiebeln putzen, waschen und klein schneiden.

3 Ein Noriblatt auf eine Bambusmatte oder Backpapier legen und ein Viertel des Reises auf einer Hälfte des Noriblattes verteilen, dabei zum Rand des Noriblattes mindestens einen Abstand von 2 cm halten. In der Mitte des Reises eine Mulde bilden.

4 In die Mulde Räucherlachsstreifen, Paprikastreifen, klein geschnittene Frühlingszwiebeln und einen dünnen Strang Wasabi geben.

5 Den Rand der Hälfte des Noriblattes ohne Reis mit etwas Wasser befeuchten. Jedes Noriblatt mit Hilfe der Bambusmatte bzw. des Backpapiers fest aufrollen und die Blattränder vorsichtig andrücken.

6 Die fertigen Rollen für etwa 5 Minuten in das Eisfach des Kühlschrankes geben, danach mit einem scharfen Messer in kleinere Röllchen portionieren.

7 Den Kerbel und den Majoran waschen und trockenschütteln. Den Porree putzen, waschen und in feine Ringe schneiden.

8 Die Sushiröllchen mit den restlichen Räucherlachsscheiben auf 4 Teller geben, jeweils mit Kerbel, Majoran, Porreeringen und einem kleinen Klacks Wasabi dekorieren und servieren.

Zubereitungszeit: ca. 50 Minuten
Pro Portion: ca. 210 kcal/882 kJ
14,3 g E, 3,9 g F, 28,4 g KH

Schollenfilet in Kräuter-Kokossauce

Für 4 Personen

(Indonesien)

800 g Schollenfilets
2 EL Zitronensaft
4 EL Sojasauce
1/2 Bund Dill
1/2 Bund glatte Petersilie
2 Möhren
2 Kartoffeln
1 Zwiebel
1 Knoblauchzehe
Salz
1 EL Erdnussöl
150 ml Kokosmilch (a. d. Dose)
2 EL Reiswein
1 TL Reismehl
1 unbehandelte Limette

1 Die Schollenfilets waschen, trockentupfen, mit dem Zitronensaft und 2 Esslöffeln Sojasauce beträufeln und etwa 10 Minuten zugedeckt ruhen lassen.

2 Inzwischen den Dill und die Petersilie waschen, trockenschütteln und fein hacken. Die Möhren und die Kartoffeln schälen, waschen und in dünne Streifen schneiden. Die Zwiebel und den Knoblauch schälen und fein würfeln.

3 Die Möhren- und Kartoffelstreifen mit 200 ml Wasser und einer Prise Salz in einen Wok geben. Einen Siebeinsatz in den Wok stellen und das Wasser aufkochen lassen. Die Schollenfilets auf den Siebeinsatz legen, den Wok zudecken und alles bei schwacher Hitze 5–7 Minuten garen lassen. Die Schollenfilets und die Gemüsestreifen aus dem Wok nehmen und warm stellen.

4 Das Erdnussöl im Wok erhitzen und die Zwiebel und den Knoblauch darin etwa 2–3 Minuten andünsten. Danach mit der Kokosmilch ablöschen und den Reiswein, das Reismehl und die restliche Sojasauce dazugeben. Das Ganze so lange köcheln lassen, bis die Sauce sämig wird. Den Wok vom Herd nehmen und den Dill und die Petersilie unter die Sauce heben.

5 Die Limette waschen und in Scheiben schneiden.

6 Die Schollenfilets auf 4 Teller geben, mit der Kräuter-Kokossauce begießen, mit 1 Limettenscheibe garnieren und mit den Möhren- und Kartoffelstreifen servieren.

Zubereitungszeit: ca. 30 Minuten
Pro Portion: ca. 313 kcal/1315 kJ
44,9 g E, 8,2 g F, 12,6 g KH

Fisch mit balinesischer Sauce

(Indonesien)

Für 4 Personen

150 g Langkornreis
800 g Kabeljaufilets
2 Zwiebeln
4 Knoblauchzehen
1 Stück frische Ingwerwurzel
1 unbehandelte Zitrone
6 EL Erdnussöl
2 EL Sambal Oelek
3 TL brauner Zucker
2 EL Sojasauce
Salz
1 Zweig Koriander

1 Den Reis mit 300 ml Wasser in einem Topf aufkochen und etwa 15 Minuten bei schwacher Hitze gar ziehen lassen. Danach vom Herd nehmen und 5 Minuten ruhen lassen.

2 Inzwischen den Fisch waschen, trockentupfen und in mundgerechte Stücke schneiden. Die Zwiebeln, den Knoblauch und den Ingwer schälen und fein hacken. Die Zitrone heiß abwaschen und 2 Teelöffel Schale davon abreiben. Danach die Zitrone halbieren und auspressen.

3 2 Esslöffel Öl in einem kleinen Topf erhitzen und die Zwiebeln, den Knoblauch und den Ingwer darin unter Rühren 2–3 Minuten bei mittlerer Hitze dünsten. Den Sambal Oelek, die Zitronenschale, den Zitronensaft, den braunen Zucker, die Sojasauce, 1/2 Teelöffel Salz und 4 EL Wasser dazugeben und das Ganze unter Rühren 5–7 Minuten bei mittlerer Hitze köcheln lassen. Den Topf vom Herd nehmen und die Sauce warm stellen.

4 Das restliche Öl in einer beschichteten Pfanne erhitzen und den Fisch darin etwa 4–6 Minuten goldbraun ausbacken. Den Fisch auf Küchenpapier abtropfen lassen.

5 Den Koriander waschen, trockenschütteln und die Blättchen abzupfen. Den Fisch mit dem Reis auf 4 Tellern anrichten, die Sauce über den Fisch geben, mit etwas Koriander garnieren und servieren.

Zubereitungszeit: ca. 30 Minuten
Pro Portion: ca. 486 kcal/2041 kJ
45,1 g E, 17,5 g F, 35,9 g KH

Gedämpfte Lachsfilets

Für 4 Personen **(Japan)**

4 Lachsfilets (à 150 g)
1 unbehandelte Zitrone
Salz
1 Salatgurke
1 rote Paprika
1 Noriblatt (getrockneter Seetang)
1 Zweig Majoran
weißer Pfeffer aus der Mühle
8 Scheiben Räucherlachs

1 Die Lachsfilets waschen und trockentupfen. Die Zitrone waschen und halbieren. Eine Hälfte auspressen, die andere in Scheiben schneiden. Die Lachsfilets mit Zitronensaft beträufeln, leicht salzen und 5 Minuten zugedeckt ziehen lassen.

2 Inzwischen die Gurke schälen und längs halbieren. Die Kerne mit einem Löffel ausschaben und das Fruchtfleisch in Scheiben schneiden. Die Paprika putzen, halbieren, entkernen, waschen und klein schneiden. Das Noriblatt in kleine Stücke schneiden.

3 Einen Dämpftopf 2 cm hoch mit Wasser füllen und das Wasser aufkochen. Die Lachsfilets mit den Noristücken bestreuen, in einen Siebeinsatz geben und etwa 8-10 Minuten bei geschlossenem Deckel im Topf dämpfen lassen.

4 Den Majoran waschen, trockenschütteln und die Blättchen abzupfen. Die Lachsfilets mit weißem Pfeffer würzen, mit je 2 Scheiben Räucherlachs auf 4 Teller geben, mit dem Majoran und 1 Zitronenscheibe garnieren und mit den Gurkenscheiben und den Paprikastücken servieren.

Zubereitungszeit: ca. 25 Minuten
Pro Portion: ca. 369 kcal/1550 kJ
48,6 g E, 16,7 g F, 5,3 g KH

Chinakohlrollen mit Lachspüree

Für 4 Personen **(Japan)**

100 g Klebreis
Salz
8 große Chinakohlblätter
250 g Räucherlachsscheiben
50 ml Milch
1 EL Maismehl
1 Ei
Wasabi (japanische Meerettichpaste)
1 Zweig Zitronenmelisse
100 g Honigmelone

1 Den Reis mit 200 ml Wasser und einer Prise Salz in einem Topf zum Kochen bringen und etwa 15 Minuten bei schwacher Hitze gar ziehen lassen. Vom Herd nehmen und 10 Minuten ruhen lassen.

2 Inzwischen den Chinakohl in kochendem Wasser 1 Minute blanchieren und mit kaltem Wasser abschrecken.

3 4 Räucherlachsscheiben für die Garnierung beiseite legen, den Rest in kleine Stücke schneiden.

4 In einer Metallschüssel die Milch mit dem Maismehl und dem Ei verrühren, mit den Lachsstücken, einer Messerspitze Wasabi und dem Reis vermischen und das Ganze mit einem Pürierstab pürieren. Die Schüssel in heißes Wasser stellen und die Masse so lange rühren, bis sie steif wird. Anschließend die Schüssel in Eiswasser stellen und die Masse kalt rühren.

5 Dann das abgekühlte Lachspüree in die Chinakohlblätter einrollen.

6 Die Melisse waschen, trockenschütteln und die Blättchen abzupfen. Die Honigmelone schälen, halbieren und die Kerne herausschaben. Das Fruchtfleisch in mundgerechte Stücke schneiden.

7 Je 2 Chinakohlrollen auf 4 Teller geben, mit 1 Lachsscheibe, Melisse und Honigmelone dekorieren und servieren.

Zubereitungszeit: ca. 40 Minuten
Pro Portion: ca. 262 kcal/1100 kJ
19 g E, 7 g F, 30,3 g KH

Leckeres Fleisch in vielen Variationen

Rinderfilet mit buntem Gemüse

Für 4 Personen

(China)

- 40 g Shiitake-Pilze
- 20 g Mu-Err-Pilze
- 400 g Rinderfilet
- 1 rote, 1 grüne und 1 gelbe Paprika
- 2 Zwiebeln
- 4 Knoblauchzehen
- 4 Wasserkastanien (a. d. Dose)
- 100 g frische Mungobohnensprossen
- 2 EL schwarze Bohnenpaste (a. d. Asia-Laden)
- 4 EL Sojasauce
- 4 EL Reiswein
- 1 TL brauner Zucker
- 2 EL Erdnussöl
- 80 ml Fleischbrühe (Instant)

1. Die Shiitake-Pilze und die Mu-Err-Pilze in reichlich warmem Wasser etwa 1 Stunde einweichen lassen. Danach die Pilze aus dem Wasser nehmen und ausdrücken.

2. Inzwischen das Rinderfilet waschen, trockentupfen und in Streifen schneiden. Die Paprika putzen, halbieren, entkernen, waschen und in Stücke schneiden. Die Zwiebeln und den Knoblauch schälen und fein hacken. Die Wasserkastanien in kleine Stücke schneiden. Die Mungobohnensprossen waschen und auf einem Küchensieb abtropfen lassen.

3. Die Bohnenpaste mit der Sojasauce, dem Reiswein, dem Zucker und 4 Esslöffeln Wasser mischen.

4. Das Erdnussöl in einem Wok erhitzen. Das Rindfleisch, die Zwiebeln und den Knoblauch darin unter Rühren 3–4 Minuten braten. Danach mit der Fleischbrühe ablöschen.

5. Die Bohnenmischung, das restliche Gemüse, die Shiitake-Pilze und die Mu-Err-Pilze dazugeben und das Ganze unter Rühren etwa 7–9 Minuten bei mittlerer Hitze garen lassen.

6. Danach den Wok vom Herd nehmen und das Rinderfilet mit buntem Gemüse servieren.

Zubereitungszeit: ca. 25 Minuten
(plus 1 Stunde zum Einweichen)
Pro Portion: ca. 332 kcal/1394 kJ
38,3 g E, 10,7 g F, 19,7 g KH

Roastbeef mit Sesamsauce

Für 4 Personen

(Japan)

150 g Langkornreis
2 Möhren
100 g Chinakohl
4 EL weißer Sesam
4 EL süße Sambal-Sauce
2 EL Tomatenmark
2 TL Erdnussmus oder Erdnussbutter
3 EL Sojasauce
3 EL Mirin (süßer japanischer Reiswein)
1 TL Reismehl
Salz
600 g Roastbeef
1 unbehandelte Zitrone
1 Zweig Majoran
2 EL Erdnussöl

1 Den Reis mit 300 ml Wasser in einem Topf aufkochen und etwa 15 Minuten bei schwacher Hitze gar ziehen lassen. Danach vom Herd nehmen und etwa 5 Minuten ruhen lassen.

2 Inzwischen die Möhren schälen, waschen und in dünne Streifen schneiden. Den Chinakohl putzen, waschen und klein schneiden. Das Gemüse in kochendem Wasser 1 Minute blanchieren und auf einem Küchensieb abtropfen lassen.

3 Den Sesam in einer heißen Pfanne ohne Fett anrösten, bis er leicht gebräunt ist. Die Sambal-Sauce mit dem Tomatenmark, dem Erdnussmus, der Sojasauce, dem Mirin, dem Reismehl, einer Prise Salz und 4 Esslöffeln Wasser verrühren. Das Ganze zum Sesam in die Pfanne geben und unter Rühren erhitzen, bis eine sämige Sauce entsteht. Die Sauce vom Herd nehmen und warm stellen.

4 Das Roastbeef waschen, trockentupfen und in 4 Steaks schneiden. Die Zitrone waschen und in Scheiben schneiden. Den Majoran waschen und trockenschütteln. Das Erdnussöl in einer beschichteten Pfanne erhitzen und die Steaks von beiden Seiten jeweils 3 Minuten braten.

5 Die Steaks in Streifen schneiden, auf 4 Teller geben, mit der Sauce begießen und mit Zitronenscheiben und Majoran garnieren. Dazu den Reis und das blanchierte Gemüse servieren.

Zubereitungszeit: ca. 35 Minuten
Pro Portion: ca. 526 kcal/2209 kJ
42,9 g E, 21,8 g F, 37,3 g KH

Geschmortes Rinderfilet mit Gemüse

Für 4 Personen **(Japan)**

1 rote Paprika
80 g frische Champignons
1 Möhre
1 kleine Stange Porree
100 g Staudensellerie
80 g frische Mungobohnensprossen
150 g Langkornreis
2 EL Erdnussöl
600 g Rinderfilet
4 EL Reisessig
2 EL Sojaöl
2 EL Sojasauce
1 EL Reismehl
1 Zweig Petersilie
40 g Lollo Bianco

1 Die Paprika putzen, halbieren, entkernen, waschen und in grobe Würfel schneiden. Die Champignons putzen, waschen und in Scheiben schneiden. Die Möhre schälen, waschen und in Streifen schneiden. Den Porree und den Staudensellerie putzen, waschen und in kleine Stücke schneiden. Die Mungobohnensprossen waschen und abtropfen lassen.

2 Den Reis mit 300 ml Wasser in einem Topf aufkochen und etwa 15 Minuten bei schwacher Hitze gar ziehen lassen. Danach vom Herd nehmen und etwa 5 Minuten ruhen lassen.

3 Inzwischen das Erdnussöl in einer beschichteten Pfanne erhitzen und das Gemüse unter häufigem Rühren 4–6 Minuten darin bei mittlerer Hitze dünsten. Die Pfanne vom Herd nehmen und das Gemüse warm stellen.

4 Das Rinderfilet waschen, trockentupfen und in dünne Steaks schneiden. Den Reisessig, das Sojaöl, die Sojasauce und 4 Esslöffel Wasser in einer beschichteten Pfanne erhitzen und das Fleisch darin 5–7 Minuten bei mittlerer Hitze schmoren lassen. Das Fleisch aus der Pfanne nehmen, das Reismehl in die Marinade geben und alles unter Rühren erhitzen, bis eine sämige Sauce entsteht.

5 Die Petersilie und den Lollo Bianco waschen und trockenschütteln. Das Fleisch mit der Sauce, dem Reis und dem Gemüse auf 4 Teller geben, mit Petersilie und Lollo Bianco garnieren und servieren.

Zubereitungszeit: ca. 40 Minuten
Pro Portion: ca. 499 kcal/2096 kJ
51,1 g E, 16,4 g F, 35,1 g KH

Schweinefleisch mit Champignons

Für 4 Personen **(China)**

600 g Schnitzelfleisch vom Schwein
6 Schalotten
200 g frische Champignons
2 EL Erdnussöl
4 EL Sake (japanischer Reiswein)
4 EL Sojasauce
3 EL süße Chilisauce
1/2 TL Rosenpaprika
80 ml Kokosmilch (a. d. Dose)
1 TL grüner Pfeffer
1 EL Erdnussmus
1 TL Reismehl oder Speisestärke
1/2 Bund Kerbel

1 Das Schnitzelfleisch waschen, trockentupfen und in mundgerechte Stücke schneiden. Die Schalotten schälen und klein schneiden. Die Champignons putzen, waschen und in Scheiben schneiden.

2 Das Öl in eine beschichteten Pfanne erhitzen und das Schweinefleisch darin unter Rühren 4–6 Minuten scharf anbraten. Die Schalotten und die Champignons dazugeben und unter Rühren bei mittlerer Hitze weitere 4–6 Minuten mitgaren lassen. Danach das Fleisch und das Gemüse aus der Pfanne nehmen.

3 Den Sake mit der Sojasauce, der süßen Chilisauce, dem Rosenpaprika, der Kokosmilch, dem grünen Pfeffer, dem Erdnussmus, dem Reismehl und 40 ml Wasser verrühren, in die Pfanne geben und so lange unter Rühren erhitzen, bis die Flüssigkeit zu einer sämigen Sauce eindickt.

4 Das Schweinefleisch und das Gemüse in die Pfanne geben, mit der Sauce verrühren und 2–3 Minuten unter Rühren bei mittlerer Hitze köcheln lassen. Danach die Pfanne vom Herd nehmen.

5 Den Kerbel waschen und trockenschütteln. Die Schweinefleisch-Champignon-Pfanne mit dem Kerbel garnieren und servieren.

Zubereitungszeit: ca. 40 Minuten
Pro Portion: ca. 302 kcal/1268 kJ
38,9 g E, 11,6 g F, 7,7 g KH

Feurige Rindfleischpfanne

Für 4 Personen (Indonesien)

400 g mageres Rindfleisch
1 Stück frische Ingwerwurzel
2 kleine Zwiebeln
3 Knoblauchzehen
6 TL Sojasauce
1 EL Erdnussbutter
3 hart gekochte Eier
1/2 Bund Petersilie
2 Möhren
1/2 Bund Frühlingszwiebeln
4 Maiskölbchen (a. d. Dose)
100 g Bambussprossen (a. d. Dose)
1 rote und 1 grüne Chilischote
4 EL Öl
3 EL Fischsauce
1 TL Mehl

1 Das Rindfleisch waschen, trockentupfen und in feine Streifen schneiden. Die Ingwerwurzel schälen und fein hacken. Die Zwiebeln und den Knoblauch schälen und sehr fein hacken. Den Ingwer mit den Zwiebeln, dem Knoblauch, der Sojasauce und der Erdnussbutter gut vermischen. Das Rindfleisch in eine Schüssel geben, mit der Marinade vermischen und zugedeckt etwa 1 1/2 Stunden ziehen lassen.

2 Die Eier pellen und vierteln. Die Petersilie waschen, trockenschütteln und fein hacken. Die Möhren putzen, waschen und in Streifen schneiden. Die Frühlingszwiebeln putzen, waschen und klein schneiden.

3 Die Maiskölbchen und die Bambussprossen auf einem Küchensieb gut abtropfen lassen. Die Chillies halbieren, entkernen, waschen und in feine Streifen schneiden.

4 Das Öl in einer Pfanne erhitzen und die Maiskölbchen, die Bambussprossen und die Chilischoten darin 4–5 Minuten andünsten. Das Gemüse herausnehmen, das Fleisch aus der Marinade nehmen, in der Pfanne unter Rühren 5–7 Minuten scharf anbraten.

5 Die Fischsauce mit dem Mehl und 100 ml Wasser verrühren, mit der Marinade in die Pfanne geben und bei schwacher Hitze unter Rühren köcheln lassen, bis die Sauce eindickt. Das Gemüse hinzugeben und etwa 5–7 Minuten garen lassen. Die Rindfleischpfanne auf 4 Teller geben, mit Ei, Petersilie, Möhren und Frühlingszwiebeln garnieren und servieren.

Zubereitungszeit: ca. 1 Stunde
(plus 1 1/2 Stunden zum Marinieren)
Pro Portion: ca. 415 kcal/1743 kJ
40 g E, 23,3 g F, 11,3 g KH

Rindfleisch „Kobe"

Für 4 Personen

(Japan)

4 Rinderrouladen (à 150 g)
3 EL Sojasauce
3 EL Mirin (süßer japanischer Reiswein)
2 EL Weinessig
1 TL brauner Zucker
1/2 TL Speisestärke
1 TL Tabasco
150 g Langkornreis mit Naturreis
2 EL Erdnussöl
1 unbehandelte Zitrone
1 Zweig Basilikum
2 EL Mandelsplitter

1 Die Rinderrouladen waschen, trockentupfen und in Streifen schneiden.

2 Die Sojasauce mit dem Mirin, dem Weinessig, dem braunen Zucker, der Speisestärke und dem Tabasco verrühren und das Rindfleisch darin etwa 30 Minuten marinieren lassen.

3 Inzwischen den Reis mit 300 ml Wasser in einem Topf aufkochen und etwa 15 Minuten bei schwacher Hitze gar ziehen lassen. Danach vom Herd nehmen und etwa 5 Minuten ruhen lassen.

4 Das Rindfleisch aus der Marinade nehmen und abtropfen lassen. Das Öl in einer beschichteten Pfanne erhitzen und das Rindfleisch darin 2–3 Minuten bei starker Hitze unter Rühren anbraten. Die Marinade dazugießen und das Ganze weitere 2–3 Minuten bei mittlerer Hitze garen lassen. Die Pfanne vom Herd nehmen.

5 Die Zitrone waschen und in Scheiben schneiden. Das Basilikum waschen, trockenschütteln und die Blättchen abzupfen.

6 Das Rindfleisch mit dem Reis auf 4 Teller geben, mit Zitronenscheibe, Basilikum und Mandelsplittern garnieren und servieren.

Zubereitungszeit: ca. 20 Minuten
(plus 30 Minuten zum Marinieren)
Pro Portion: ca. 469 kcal/1970 kJ
48,7 g E, 15,6 g F, 30,8 g KH

Schweinefleisch süß-sauer

Für 4 Personen **(China)**

600 g Schweinefilet
1 rote und 1 grüne Paprika
2 EL Erdnussöl
1 TL Curry
1 TL Paprika (edelsüß)
Salz
Pfeffer aus der Mühle
80 ml süßsaure Chilisauce
150 ml Fleischbrühe (Instant)
1 Zweig Majoran

1 Das Schweinefilet waschen, mit Küchenkrepp trockentupfen und in mundgerechte Stücke schneiden. Die Paprika putzen, halbieren, entkernen, waschen und in grobe Würfel schneiden.

2 Das Öl in einer beschichteten Pfanne erhitzen und das Schweinefleisch unter Rühren darin etwa 4–6 Minuten goldbraun braten. Anschließend mit Curry, Paprika, Salz und Pfeffer würzen.

3 Die Paprikawürfel zum Fleisch in die Pfanne geben und bei mittlerer Hitze 3–5 Minuten unter Rühren mitbraten lassen. Die süßsaure Chilisauce und die Fleischbrühe dazugeben und das Ganze weitere 2–3 Minuten köcheln lassen. Danach die Pfanne vom Herd nehmen.

4 Den Majoran waschen, trockenschütteln und die Blättchen abzupfen. Das süß-saure Schweinefleisch auf 4 Teller geben, mit dem Majoran dekorieren und servieren.

Zubereitungszeit: ca. 25 Minuten
Pro Portion: ca. 260 kcal/1092 kJ
35,4 g E, 9 g F, 8,8 g KH

Rindfleisch mit Erbsenpüree

Für 4 Personen **(Korea)**

150 g Langkornreis
400 g Rinderfilet
1 grüne Paprika
1 kleine Zwiebel
150 g Erbsen (a. d. Dose)
2 EL Erdnussöl
Salz
Pfeffer aus der Mühle
4 EL Reisessig
4 EL Mirin (süßer japanischer Reiswein)
3 EL Sojasauce
4 EL weißer Sesam
1 Zweig Koriander
1 EL Mandelsplitter

1 Den Reis mit 300 ml Wasser in einem Topf aufkochen und etwa 15 Minuten bei schwacher Hitze gar ziehen lassen. Danach vom Herd nehmen und etwa 5 Minuten ruhen lassen.

2 Inzwischen das Rinderfilet waschen, trockentupfen und in Streifen schneiden. Die Paprika putzen, halbieren, entkernen, waschen und klein schneiden. Die Zwiebel schälen und fein hacken. Die Erbsen auf einem Küchensieb abtropfen lassen.

3 Das Erdnussöl in einer beschichteten Pfanne erhitzen. Die Filetstreifen darin 4–6 Minuten braten lassen. Die Filetstreifen mit Salz und Pfeffer würzen, aus der Pfanne nehmen, auf Küchenpapier abtropfen lassen und warm stellen.

4 Die Paprika und die Zwiebel in die Pfanne geben und 3–5 Minuten bei mittlerer Hitze dünsten lassen. Die Erbsen, den Reisessig, den Mirin und die Sojasauce dazugeben und 3–5 Minuten mitdünsten lassen. Danach das Ganze mit einem Pürierstab pürieren.

5 Den Sesam in einer heißen Pfanne ohne Fett anrösten. Den Koriander waschen, trockenschütteln und die Blättchen abzupfen.

6 Die Filetstreifen auf 4 Teller geben, mit dem gerösteten Sesam bestreuen und mit dem Reis, dem Erbsenpüree, dem Koriander und den Mandelsplittern servieren.

Zubereitungszeit: ca. 35 Minuten
Pro Portion: ca. 490 kcal/2058 kJ
39,8 g E, 19,3 g F, 35,6 g KH

Rinderfilet mit Nudeln

Für 4 Personen

(Japan)

200 g Bami-Nudeln (asiatische Eiernudeln)
400 g Rinderfilet
2 Zwiebeln
2 Knoblauchzehen
2 grüne und 1 rote Paprika
2 getrocknete Chilischoten
1 Stange Porree
2 EL Erdnussöl
Salz
Pfeffer aus der Mühle
4 EL Mirin (süßer japanischer Reiswein)
1/2 TL Sambal Oelek
1/2 TL Curry
1 Msp. Rosenpaprika
1 Zweig Dill

1 500 ml Wasser in einem Topf aufkochen. Die Bami-Nudeln in das Wasser geben und den Topf vom Herd nehmen. Die Nudeln etwa 3 Minuten ziehen lassen, dann auf ein Küchensieb geben, mit kaltem Wasser abschrecken und abtropfen lassen.

2 Das Rinderfilet waschen, trockentupfen und in Streifen schneiden. Die Zwiebeln und den Knoblauch schälen, die Zwiebeln achteln und den Knoblauch fein hacken. Die Paprika putzen, halbieren, entkernen, waschen und in Streifen schneiden. Die Chilischoten fein hacken. Den Porree putzen, waschen und in Ringe schneiden. Etwas Porree für die Garnitur zurücklegen.

3 Das Öl in einer Pfanne erhitzen und das Rinderfilet darin 2–3 Minuten anbraten. Das Fleisch mit Salz und Pfeffer würzen, aus der Pfanne nehmen und beiseite stellen.

4 Das Gemüse in die Pfanne geben und bei mittlerer Hitze unter Rühren 4–5 Minuten dünsten lassen. Den Mirin, das Rinderfilet und die Bami-Nudeln dazugeben, mit Sambal Oelek, Curry und Rosenpaprika würzen und das Ganze unter Rühren 2–3 Minuten bei mittlerer Hitze garen lassen.

5 Den Dill waschen und trockenschütteln. Die Rinderfilet-Nudelpfanne auf 4 Teller geben, mit dem restlichen Porree und dem Dill garnieren und servieren.

Zubereitungszeit: ca. 40 Minuten
Pro Portion: ca. 436 kcal/1831 kJ
38,5 g E, 11 g F, 42,3 g KH

Schweinefilet „Shanghai"

Für 4 Personen (China)

600 g Schweinefilet
3 Knoblauchzehen
5 EL Sojasauce
2 TL Reismehl
2 EL Zitronensaft
100 g Klebreis
Salz
1 rote Paprika
1 rote und 1 grüne Chilischote
3 Zwiebeln
2 EL Erdnussöl
80 ml Fleischbrühe (Instant)
4 EL Reiswein
40 g Eisbergsalat
1 Zweig Basilikum
4 Frühlingszwiebeln
1 TL Paprika (edelsüß)

1 Das Schweinefilet waschen, trockentupfen und in mundgerechte Stücke schneiden. Den Knoblauch schälen und durch eine Knoblauchpresse drücken. Den Knoblauch mit der Sojasauce, dem Reismehl und dem Zitronensaft verrühren und das Schweinefleisch darin 20 Minuten marinieren, anschließend aus der Marinade nehmen und abtropfen lassen.

2 Inzwischen den Reis mit 200 ml Wasser und einer Prise Salz in einem Topf zum Kochen bringen und etwa 15 Minuten bei schwacher Hitze gar ziehen lassen. Vom Herd nehmen und 10 Minuten ruhen lassen.

3 Die Paprika putzen, halbieren, entkernen, waschen und würfeln. Etwas Paprika für die Garnierung beiseite legen. Die Chilischoten halbieren, entkernen, waschen und in feine Streifen schneiden. Die Zwiebeln schälen und grob würfeln. Das Öl in einer beschichteten Pfanne erhitzen und das Schweinefleisch darin 3–4 Minuten anbraten. Das Gemüse dazugeben, 2–3 Minuten bei mittlerer Hitze mitdünsten lassen, mit der Fleischbrühe und dem Reiswein ablöschen und etwa 15 Minuten bei schwacher Hitze garen lassen.

4 Den Eisbergsalat waschen und trockenschütteln. Das Basilikum waschen, trockenschütteln und die Blättchen abzupfen. Die Frühlingszwiebeln putzen, waschen und klein schneiden. Die Filetpfanne mit je 1 Reistimbale auf 4 Teller geben, den Reis mit Paprikapulver besteuen und das Gericht mit Eisbergsalat, Basilikum, Frühlingszwiebeln und der restlichen Paprika garniert servieren.

Zubereitungszeit: ca. 1 Stunde
(plus 20 Minuten zum Marinieren)
Pro Portion: ca. 415 kcal/1743 kJ
40,2 g E, 10,1 g F, 37,2 g KH

Geflügel

gesund und bekömmlich

Putenbrust mit Gemüse und Reis

Für 4 Personen

(Japan)

150 g Langkornreis
400 g Putenbrustfilet
1 Zwiebel
1/2 Bund Frühlingszwiebeln
1 grüne und 1 gelbe Paprika
60 g frische Mungobohnensprossen
4 EL Mirin (süßer japanischer Reiswein)
4 EL Reisessig
2 EL Erdnussöl
1 TL brauner Zucker
1 Zweig Basilikum

1 Den Reis mit 300 ml Wasser in einem Topf aufkochen und etwa 15 Minuten bei schwacher Hitze gar ziehen lassen. Danach vom Herd nehmen und etwa 5 Minuten ruhen lassen.

2 Inzwischen die Putenbrust waschen, trockentupfen und in Streifen schneiden. Die Zwiebel schälen und achteln. Die Frühlingszwiebeln putzen, waschen und klein schneiden. Die Paprika putzen, halbieren, entkernen und waschen. Die grüne Paprika in grobe Würfel, die gelbe in fein Streifen schneiden. Die Mungobohnensprossen waschen und abtropfen lassen.

3 Den Mirin mit dem Reisessig, dem Erdnussöl und dem braunen Zucker mischen und in einer beschichteten Pfanne erhitzen. Die Putenbrust dazugeben und bei mittlerer Hitze unter Rühren 4–6 Minuten garen lassen.

4 Die Zwiebel, die Frühlingszwiebeln, die grüne Paprika und die Mungobohnensprossen dazugeben und unter Rühren 4–6 Minuten mitdünsten lassen.

5 Das Basilikum waschen, trockenschütteln und die Blättchen abzupfen. Den Reis auf 4 Teller geben, die Putenbrustpfanne darauf verteilen und mit den gelben Paprikastreifen und Basilikum garniert servieren.

Zubereitungszeit: ca. 35 Minuten
Pro Portion: ca. 322 kcal/1352 kJ
28,5 g E, 6,5 g F, 33,6 g KH

Honighähnchen

Für 4 Personen

400 g Hähnchenbrustfilet
3 EL Honig
3 EL süße Chilisauce
3 EL Sojasauce
3 EL Reisessig
Pfeffer aus der Mühle
150 g Langkornreis mit Naturreis
1 rote und 1 grüne Paprika
1 Zwiebel
1 Knoblauchzehe
2 EL Erdnussöl
200 ml Fleischbrühe (Instant)
1 TL Reismehl
1 Zweig Basilikum

(China)

1 Das Hähnchenfleisch waschen, trockentupfen und in mundgerechte Stücke schneiden. Den Honig mit der Chilisauce, der Sojasauce, dem Reisessig und Pfeffer zu einer Marinade verrühren und das Hähnchenfleisch darin etwa 1 1/2 Stunden ziehen lassen.

2 Den Reis mit 300 ml Wasser in einem Topf aufkochen und etwa 15 Minuten bei schwacher Hitze gar ziehen lassen. Danach vom Herd nehmen und etwa 5 Minuten ruhen lassen.

3 Die Paprika putzen, halbieren, entkernen, waschen und in Streifen schneiden. Die Zwiebel und den Knoblauch schälen und fein hacken. Das Erdnussöl in einem Wok erhitzen und das Hähnchenfleisch darin unter Rühren 4–5 Minuten braten. Das Hähnchenfleisch auf die Seite schieben, das Gemüse in den Wok geben und bei mittlerer Hitze unter Rühren 3–4 Minuten braten.

4 Die Fleischbrühe mit dem Reismehl verrühren, in den Wok geben und das Ganze so lange bei mittlerer Hitze köcheln lassen, bis die Flüssigkeit eindickt. Danach den Wok vom Herd nehmen.

5 Das Basilikum waschen, trockenschütteln und die Blättchen abzupfen. Das Honighähnchen mit dem Reis auf 4 Teller geben, mit Basilikum garnieren und servieren.

Zubereitungszeit: ca. 20 Minuten
(plus 1 1/2 Stunden zum Marinieren)
Pro Portion: ca. 391 kcal/1642 kJ
32,3 g E, 8,5 g F, 45 g KH

Hähnchenkeulen mit Ananas

Für 4 Personen

(Indonesien)

8 Hähnchenkeulen (à 150 g)
4 Knoblauchzehen
1 TL Rosenpaprika
Salz
2 Zwiebeln
1 Stück frische Ingwerwurzel
2 rote Chillischoten
300 g stückige Ananas (a. d. Dose)
2 EL Erdnussöl
1 Halm Zitronengras
100 ml Kokosmilch (a. d. Dose)
4 EL Mirin (süßer japanischer Reiswein)
2 EL Sojasauce

1 Die Hähnchenkeulen waschen und mit Küchenkrepp trockentupfen. Den Knoblauch schälen und durch eine Knoblauchpresse drücken. Die Hähnchenkeulen mit dem Knoblauch, Rosenpaprika und Salz einreiben.

2 Die Zwiebeln schälen und achteln. Die Ingwerwurzel schälen und fein hacken. Die Chilischoten halbieren, entkernen, waschen und in feine Streifen schneiden. Die Ananasstücke auf einem Küchensieb mit Wasser abspülen und abtropfen lassen.

3 Das Öl in einem Wok erhitzen und die Hähnchenkeulen darin 4–5 Minuten von allen Seiten anbraten. Die Zwiebeln, den Ingwer, die Chillischote, die Ananasstücke und das Zitronengras dazugeben und unter häufigem Rühren 3–4 Minuten mitdünsten lassen.

4 Mit der Kokosmilch ablöschen und den Mirin und die Sojasauce dazugeben.

5 Das Ganze bei schwacher Hitze zugedeckt etwa 20–25 Minuten garen lassen und anschließend servieren.

Zubereitungszeit: ca. 50 Minuten
Pro Portion: ca. 421 kcal/1768 kJ
37,1 g E, 20,2 g F, 19,9 g KH

Hähnchenbrust mit Nori

Für 4 Personen

(Japan)

- 500 g Hähnchenbrustfilet
- 4 EL Sojasauce
- 4 EL Mirin (süßer japanischer Reiswein)
- 4 EL Reisessig
- 1 Msp. Wasabi (japanische Meerrettichpaste)
- 1 rote Paprika
- 1/2 Bund Frühlingszwiebeln
- 1 Möhre
- 40 g Lollo Bianco
- 1 Zweig Koriander
- 1 Noriblatt (getrockneter Seetang)
- 2 EL Erdnussöl

1 Das Hähnchenbrustfilet waschen, trockentupfen und in mundgerechte Stücke schneiden. Die Sojasauce mit dem Mirin, dem Reisessig und dem Wasabi verrühren und in einer Schüssel mit dem Hähnchenfleisch mischen. Das Ganze zugedeckt 30 Minuten marinieren lassen.

2 Inzwischen die Paprika putzen, halbieren, entkernen, waschen und in Streifen schneiden. Die Frühlingszwiebeln putzen, waschen und klein schneiden. Die Möhre schälen, waschen und ebenfalls in Streifen schneiden. Den Lollo Bianco putzen, waschen und trockenschütteln. Den Koriander waschen, trockenschütteln und die Blättchen abzupfen.

3 Das Noriblatt in kleine Stücke schneiden. Das Hähnchenfleisch aus der Marinade nehmen. Das Öl in einem Wok erhitzen und das Hähnchenfleisch mit dem klein geschnittenen Noriblatt darin 5–7 Minuten unter Rühren garen lassen.

4 Das Hähnchenfleisch auf 4 Teller geben, mit den Paprikastreifen, den Frühlingszwiebeln, den Möhrenstreifen, dem Lollo Bianco und dem Koriander garnieren und servieren.

Zubereitungszeit: ca. 20 Minuten
(plus 30 Minuten zum Marinieren)
Pro Portion: ca. 226 kcal/949 kJ
32,2 g E, 6,9 g F, 5,4 g KH

Hähnchenpfanne mit Mie-Nudeln

(China)

Für 4 Personen

500 g Mie-Nudeln
400 g Hähnchenbrustfilet
1 unbehandelte Zitrone
4 EL Sojasauce
1/2 Bund Frühlingszwiebeln
1 rote Paprika
1 Stange Porree
4 Zweige Kerbel
2 EL Erdnussöl
Salz
Pfeffer aus der Mühle
1 Zweig Zitronenmelisse
1 Zweig Majoran
2 Tomaten
80 g Chinakohl

1 Die Mie-Nudeln in einer Schüssel mit 1 Liter kochendem Wasser übegießen und 4 Minuten zugedeckt ziehen lassen. Auf einem Küchensieb abtropfen lassen.

2 Das Hähnchenbrustfilet waschen, mit Küchenkrepp trockentupfen und in mundgerechte Stücke schneiden.

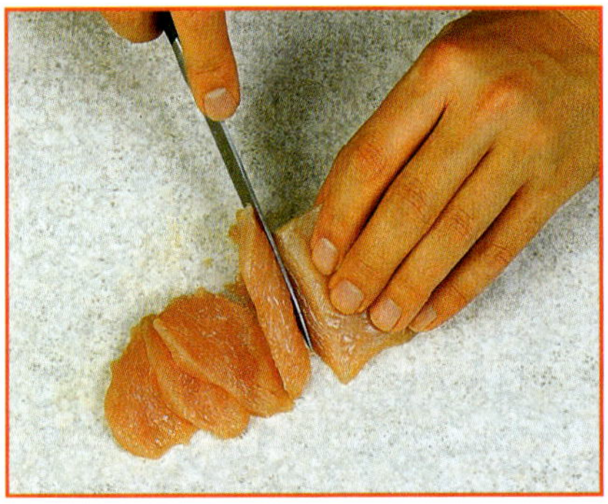

3 Die Zitrone halbieren, die eine Hälfte in Scheiben schneiden, die andere auspressen.

4 Das Hähnchenfleisch mit Zitronensaft und 2 Esslöffeln Sojasauce beträufeln und 15 Minuten ziehen lassen.

5 Inzwischen die Frühlingszwiebeln putzen, waschen und klein schneiden.

6 Die Paprika putzen, halbieren, entkernen, waschen und in Streifen schneiden. Den Porree putzen, waschen und in Ringe schneiden. Etwas Frühlingszwiebel und Porree für die Garnierung beiseite legen. Den Kerbel waschen, trockenschütteln und fein hacken.

7 Das Öl in einer beschichteten Pfanne erhitzen und das Hähnchenfleisch darin unter Rühren 3–4 Minuten anbraten. Das Fleisch mit Salz und Pfeffer würzen, aus der Pfanne nehmen und auf Küchenpapier abtropfen lassen.

8 Das Gemüse in die Pfanne geben und bei mittlerer Hitze unter Rühren 3–5 Minuten dünsten. Die Mie-Nudeln dazugeben und 2–4 Minuten mitbraten lassen. Zum Schluss das Hähnchenfleisch dazugeben und kurz miterhitzen, dann die Pfanne vom Herd nehmen.

9 Die Melisse und den Majoran waschen, trockenschütteln und die Blättchen abzupfen. Die Tomaten waschen, halbieren und die Stielansätze entfernen. Den Chinakohl waschen und trockenschütteln.

10 Die Hähnchenpfanne mit dem Chinakohl und je einer Tomatenhälfte auf 4 Teller geben, mit Zitronenscheiben, den restlichen Frühlingszwiebeln und Porreeringen sowie der Melisse und dem Majoran dekorieren und servieren.

Zubereitungszeit: ca. 45 Minuten
(plus 15 Minuten zum Marinieren)
Pro Portion: ca. 380 kcal/1596 kJ
34 g E, 7,5 g F, 44 g KH

Hähnchen süß-sauer

Für 4 Personen

(China)

1 Hähnchen (ca. 1,2 kg)
2 Zitronen
2 Knoblauchzehen
1 Stück frische Ingwerwurzel
Salz
2 EL Erdnussöl
400 ml Gemüsebrühe (Instant)
4 EL süße Chilisauce
3 EL Sojasauce
2 EL Pflaumenwein
1 TL brauner Zucker
2 EL Tomatenmark
1 Msp. Chilipulver

1 Das Hähnchen zerteilen und die Stücke waschen und trockentupfen. Die Zitronen halbieren und auspressen. Den Knoblauch schälen und durch eine Knoblauchpresse drücken. Den Ingwer schälen und fein hacken.

2 Den Zitronensaft mit dem Knoblauch, dem Ingwer und etwas Salz verrühren und die Hähnchenstücke darin etwa 40 Minuten marinieren lassen, danach die Hähnchenteile aus der Marinade nehmen und abtropfen lassen.

3 Das Öl in einem Wok erhitzen und die Hähnchenteile darin bei starker Hitze von allen Seiten anbraten. Anschließend die Hähnchenteile aus dem Wok nehmen und auf Küchenpapier abtropfen lassen.

4 Die Marinade mit der Gemüsebrühe, der süßen Chilisauce, der Sojasauce, dem Pflaumenwein, dem braunen Zucker, dem Tomatenmark und dem Chilipulver verrühren, in den Wok geben und unter Rühren kurz aufkochen lassen. Dann die Hähnchenteile dazugeben und darin bei mäßiger Hitze etwa 50 Minuten garen lassen. Anschließend in der Sauce servieren.

Zubereitungszeit: ca. 1 1/4 Stunden
(plus 40 Minuten zum Marinieren)
Pro Portion: ca. 481 kcal/2020 kJ
51,1 g E, 25,4 g F, 9,8 g KH

Pfannenhuhn „Pandang"

Für 4 Personen

(Indonesien)

800 g Hühnerbrustfilet
1 Stück frische Ingwerwurzel
2 Knoblauchzehen
1 rote Chilischote
100 ml Zitronensaft
3 EL schwarzer Sesam
1 kleine Stange Porree
1 unbehandelte Zitrone
300 g stückige Tomaten (a. d. Dose)
1 Halm Zitronengras
4 EL Mirin (süßer japanischer Reiswein)
4 EL Reisessig
80 ml Kokosmilch (a. d. Dose)
1 EL Reismehl

1 Die Hühnerbrust waschen, trockentupfen und in mundgerechte Stücke schneiden. Die Ingwerwurzel und den Knoblauch schälen und fein hacken. Die Chilischote halbieren, entkernen, waschen und ebenfalls fein hacken.

2 Das Hühnerfleisch mit 4 EL Zitronensaft, dem Ingwer, dem Knoblauch und der Chilischote mischen und in einer Schüssel 30 Minuten abgedeckt ziehen lassen.

3 Inwischen den Sesam in einer heißen Pfanne ohne Fett rösten. Den Porree putzen, waschen und in Ringe schneiden. Die Zitrone waschen und in Scheiben schneiden. Die Tomaten mit einem Pürierstab pürieren und mit dem Zitronengras, dem Sesam, dem restlichen Zitronensaft, dem Mirin, dem Reisessig und der Hühnerbrust mit der Marinade in eine beschichtete Pfanne geben geben. Das Ganze 12–15 Minuten bei mittlerer Hitze garen lassen.

4 Die Kokosmilch mit dem Reismehl mischen und unter Rühren in die Pfanne geben. So lange rühren, bis die Flüssigkeit andickt.

5 Die Hühnerbrustpfanne auf 4 Teller geben, mit Porreeringen und Zitronenscheiben garnieren und servieren.

Zubereitungszeit: ca. 30 Minuten
(plus 30 Minuten zum Marinieren)
Pro Portion: ca. 339 kcal/1424 kJ
51,1 g E, 9,1 g F, 8,7 g KH

Indische Geflügelpfanne

Für 4 Personen

(Indien)

- 150 g Langkornreis
- 400 g Hähnchenbrustfilet
- 1 Zucchini
- 2 Zwiebeln
- 1 rote Paprika
- 100 g grüne Erbsen (a. d. Dose)
- 100 g Gemüsemais (a. d. Dose)
- 100 g stückige Ananas (a. d. Dose)
- 2 EL Erdnussöl
- 2 EL Curry
- 2 EL Rosinen
- 3 EL Zitronensaft
- 1 Msp. Chilipulver
- 150 ml Gemüsebrühe (Instant)
- 1/2 Bund Frühlingszwiebeln
- 1 Zweig Basilikum

1 Den Reis mit 300 ml Wasser in einem Topf aufkochen und etwa 15 Minuten bei schwacher Hitze gar ziehen lassen. Danach vom Herd nehmen und etwa 5 Minuten ruhen lassen.

2 Inzwischen das Hähnchenfleisch waschen, trockentupfen und in mundgerechte Stücke schneiden. Die Zucchini waschen, von den Stielansätzen befreien und ebenfalls in mundgerechte Stücke schneiden. Die Zwiebeln schälen und achteln. Die Paprika putzen, halbieren, entkernen, waschen und in Streifen schneiden. Etwas Paprika für die Garnierung beiseite legen. Die Erbsen, den Gemüsemais und die Ananas jeweils auf einem Küchensieb abtropfen lassen.

3 Das Öl in einer beschichteten Pfanne erhitzen und das Hähnchenfleisch mit dem Curry bei mittlerer Hitze unter Rühren darin 4–6 Minuten braten. Das Gemüse, die Ananasstücke, die Rosinen, den Zitronensaft und das Chilipulver dazugeben und weitere 5–7 Minuten bei schwacher Hitze mitbraten lassen. Den Reis dazugeben, mit der Gemüsebrühe ablöschen und etwa 4–6 Minuten bei schwacher Hitze köcheln lassen.

4 Die Frühlingszwiebeln putzen, waschen und klein schneiden. Das Basilikum waschen, trockenschütteln und die Blättchen abzupfen. Die indische Geflügelpfanne auf 4 Teller geben, mit der restlichen Paprika, den Frühlingszwiebeln und dem Basilikum dekorieren und servieren

Zubereitungszeit: ca. 50 Minuten
Pro Portion: ca. 414 kcal/1739 kJ
31,1 g E, 8,1 g F, 52,1 g KH

Hähnchen in Joghurtsauce

Für 4 Personen

(Pakistan)

- 600 g Hähnchenbrustfilet
- 2 Zwiebeln
- 3 Knoblauchzehen
- 80 g Eisbergsalat
- 150 g Langkornreis
- 3 EL Erdnussöl
- 1 EL Curry
- 1 Msp. Chilipulver
- 200 ml Naturjoghurt
- 2 EL gehackte Cashew-Kerne
- Salz
- 2 TL Garam Masala
- Pfeffer aus der Mühle
- 1 Zweig Estragon

1 Das Hähnchenfleisch waschen, trockentupfen und in mundgerechte Stücke schneiden. Die Zwiebeln schälen und klein schneiden. Den Knoblauch schälen und fein hacken. Den Eisbersalat putzen, waschen, trockenschütteln und in Streifen schneiden.

2 Den Reis mit 300 ml Wasser in einem Topf aufkochen und etwa 15 Minuten bei schwacher Hitze gar ziehen lassen. Danach vom Herd nehmen und etwa 5 Minuten ruhen lassen.

3 Das Öl in einer beschichteten Pfanne erhitzen und die Zwiebeln mit dem Knoblauch, dem Curry und dem Chilipulver darin etwa 2–3 Minuten dünsten. Das Hähnchenfleisch dazugeben und unter Rühren 4–6 Minuten bei mittlerer Hitze mitgaren lassen.

4 Den Joghurt mit den Cashew-Kernen, 2 Teelöffeln Salz und dem Garam Masala dazugeben und das Ganze 7–10 Minuten zugedeckt bei schwacher Hitze garen lassen, dabei ab und zu umrühren.

5 Den Eisbergsalat unterrühren und unter Rühren weitere 2–3 Minuten bei schwacher Hitze garen lassen. Danach mit Salz und Pfeffer kräftig abschmecken.

6 Den Estragon waschen und trockenschütteln. Das Hähnchen in Joghurtsauce mit dem Reis auf 4 Teller geben, mit Estragon garnieren und servieren.

Zubereitungszeit: ca. 40 Minuten
Pro Portion: ca. 435 kcal/1827 kJ
41,7 g E, 14,1 g F, 34,4 g KH

Pfannenhuhn extra scharf

Für 4 Personen

(Thailand)

150 g Langkornreis
400 g Hähnchenbrustfilet
1 rote Paprika
1 unbehandelte Zitrone
40 g Lollo Rosso
4 rote Chilischoten
1/2 Bund Frühlingszwiebeln
2 EL Erdnussöl
1 TL Madras-Curry
80 ml Kokosmilch (a. d. Dose)
6 EL Sojasauce
1/2 Bund gemischte Kräuter
(Petersilie, Koriander, Schnittlauch)

1 Den Reis mit 300 ml Wasser in einem Topf aufkochen und etwa 15 Minuten bei schwacher Hitze gar ziehen lassen. Danach vom Herd nehmen und 5 Minuten ruhen lassen.

2 Inzwischen das Hähnchenfleisch waschen, trockentupfen und in mundgerechte Stücke schneiden. Die Paprika putzen, halbieren, entkernen, waschen und in Streifen schneiden. Die Zitrone waschen und in Scheiben schneiden. Dann den Lollo Rosso putzen, waschen und trockenschütteln. Die Chilischoten fein hacken. Die Frühlingszwiebeln putzen, waschen und klein schneiden.

3 Das Öl in einer beschichteten Pfanne erhitzen. Das Hähnchenfleisch mit den Chilischoten und dem Madras-Curry unter Rühren bei mittlerer Hitze 4–6 Minuten braten. Die Frühlingszwiebeln dazugeben und unter Rühren bei mittlerer Hitze 2–3 Minuten mitbraten lassen. Mit der Kokosmilch und der Sojsauce ablöschen und 4 Minuten bei schwacher Hitze köcheln lassen. Danach die Pfanne vom Herd nehmen.

4 Die gemischten Kräuter waschen, trockenschütteln und fein hacken.

5 Das Pfannenhuhn mit dem Reis auf 4 Teller geben, mit den Kräutern bestreuen, mit Paprikastreifen, Zitronenscheibe und Lollo Rosso garnieren und servieren.

Zubereitungszeit: ca. 25 Minuten
Pro Portion: ca. 342 kcal/1436 kJ
30,3 g E, 8,4 g F, 35,7 g KH

Ente süß-sauer

(China)

Für 4 Personen

- 1 kg Entenbrustfilet
- 4 EL Honig
- 150 g Chinakohl
- 1 gelbe Paprika
- 2 Möhren
- 1/2 Bund Frühlingszwiebeln
- 6 EL Reisessig
- 2 EL Sesamöl
- 1 TL Zucker
- Salz
- 80 ml süße Chilisauce

1 Die Entenbrustfilets waschen und gründlich trockentupfen. Den Honig in 100 ml warmem Wasser auflösen und die Filets mit der Honig-Wassermischung bestreichen.

2 Die Filets in eine feuerfeste Form geben und im vorgeheizten Backofen bei 200 °C etwa 1 Stunde garen lassen. Dabei die Filets nicht mit Fett übergießen! Danach die Filets in Streifen schneiden.

3 Inzwischen den Chinakohl putzen, waschen und klein schneiden. Die Paprika putzen, halbieren, entkernen, waschen und in Würfel schneiden. Die Möhren schälen, waschen und in feine Streifen schneiden.

4 Die Frühlingszwiebeln putzen, waschen und in Ringe schneiden.

5 Den Reisessig mit dem Sesamöl, dem Zucker, 1 Prise Salz und 4 Esslöffeln Wasser vermischen. Den Chinakohl mit den Möhrenstreifen auf 4 Teller geben, mit dem süß-sauren Dressing beträufeln und die Entenbruststreifen darüber geben. Die Entenbruststreifen mit der süßen Chilisauce begießen, mit Frühlingszwiebeln und Paprikawürfeln garnieren und servieren.

Zubereitungszeit: ca. 1 Stunde
Pro Portion: ca. 592 kcal/2486 kJ
68,8 g E, 24,6 g F, 22,1 g KH

Hähnchenbrust „Sichuan"

Für 4 Personen

(China)

150 Langkornreis mit Naturreis
500 g Hähnchenbrustfilet
2 Möhren
1 rote Paprika
1 Zwiebel
1 rote Chilischote
1 TL Curry
1 TL Paprika (edelsüß)
2 EL Sojasauce
2 EL Erdnussöl
1 Zweig Kerbel
4 Frühlingszwiebeln

1 Den Reis mit 300 ml Wasser in einem Topf aufkochen und etwa 15 Minuten bei schwacher Hitze gar ziehen lassen. Danach vom Herd nehmen und etwa 5 Minuten ruhen lassen.

2 Inzwischen die Hähnchenbrust waschen, trockentupfen und in mundgerechte Stücke schneiden. Die Möhren schälen, waschen und in Scheiben schneiden. Die Paprika putzen, halbieren, entkernen, waschen und in grobe Würfel schneiden. Die Zwiebel schälen und achteln. Die Chilischote halbieren, entkernen, waschen und klein schneiden.

3 Die Hähnchenbrust mit Curry, Paprika und der Sojasauce würzen. Das Öl in einer beschichteten Pfanne erhitzen und das Hähnchenfleisch darin etwa 4–6 Minuten unter Rühren braten.

4 Das Gemüse dazugeben und unter Rühren bei mittlerer Hitze etwa 5–7 Minuten mitbraten lassen.

5 Den Kerbel waschen, trockenschütteln und die Blättchen abzupfen. Die Frühlingszwiebeln putzen, waschen und klein schneiden.

6 Den Reis mit der Hähnchenpfanne auf 4 Teller geben, mit dem Kerbel und den Frühlingszwiebeln dekorieren und servieren.

Zubereitungszeit: ca. 25 Minuten
Pro Portion: ca. 341 kcal/1432 kJ
34,4 g E, 7,2 g F, 33,8 g KH

Peking-Ente

(China)

Für 4 Personen

1 küchenfertige Ente (1 1/2 kg)
3 EL Honig
6 EL Sojasauce
1 EL Sesamöl
1 TL brauner Zucker
Salz
100 ml Pflaumen-Sauce
50 g Chinakohl
1 Tomate
1 unbehandelte Zitrone
1 Möhre

1 Die Ente waschen und trockentupfen. 4 Liter Wasser in einem großen Topf aufkochen und die Ente für 2–3 Minuten hineingeben. Die Ente aus dem Topf nehmen, abtropfen lassen und danach sorgfältig mit Küchenkrepp abtrocknen.

2 Den Honig in 100 ml warmem Wasser auflösen und die Ente rundherum mit der Honig-Wassermischung bestreichen. Die Ente an einem kühlen und luftigen Platz über Nacht trocknen lassen.

3 Die Ente mit der Brust nach oben in eine feuerfeste Form geben und im vorgeheizten Backofen bei 200 °C etwa 1 1/2 Stunden garen lassen. Dabei die Ente nicht wenden oder mit Fett übergießen!

4 Inzwischen die Sojasauce mit dem Sesamöl, dem braunen Zucker, 1 Prise Salz und der Pflaumen-Sauce vermischen.

5 Den Chinakohl putzen, waschen und trockenschütteln. Die Tomate waschen, vom Stielansatz befreien und in Scheiben schneiden. Die Zitrone waschen und ebenfalls in Scheiben schneiden. Die Möhre schälen, waschen und in Streifen schneiden. Die Peking-Ente mit dem Gemüse und den Zitronenscheiben garnieren und mit der Sauce servieren.

Zubereitungszeit: ca. 1 1/2 Stunden
(plus 12 Stunden zum Trocknen)
Pro Portion: ca. 543 kcal/2281 kJ
68,9 g E, 22,6 g F, 15,6 g KH

Verführerischer Reis und Nudeln

Thai-Nudeln

Für 4 Personen

(Thailand)

350 g flache Reisnudeln
250 g Kabeljaufilet
1 Stange Porree
3 Knoblauchzehen
1 Stück frische Ingwerwurzel
1 unbehandelte Zitrone
2 Möhren
2 EL Erdnussöl
4 getrocknete Chilischoten
4 EL Sojasauce
2 EL Fischsauce
40 g Rucola

1 1 Liter Wasser in einem Topf aufkochen. Die Reisnudeln in das Wasser geben und etwa 5 Minuten bei schwacher Hitze gar ziehen lassen. Anschließend die Reisnudeln auf ein Küchensieb geben, mit kaltem Wasser abschrecken und abtropfen lassen.

2 Den Kabeljau waschen, trockentupfen und in kleine Stücke schneiden. Den Porree putzen, waschen und in Ringe schneiden. Den Knoblauch schälen und fein hacken. Den Ingwer schälen und fein raspeln. Die Zitrone waschen und halbieren. Die eine Hälfte auspressen, die andere in Scheiben schneiden. Die Möhren schälen, waschen und klein schneiden.

3 Das Erdnussöl in einem Wok erhitzen und die Chilischoten und den Knoblauch darin etwa 1 Minute braten. Den Porree, den Ingwer und die Möhren dazugeben und das Ganze unter Rühren bei mittlerer Hitze 3–4 Minuten dünsten. Den Kabeljau mit dem Zitronensaft, der Sojasauce und der Fischsauce dazugeben und unter Rühren weitere 4–6 Minuten dünsten. Die Chilischoten aus dem Gemüse nehmen, die Nudeln in den Wok geben und unter Rühren 2–3 Minuten erhitzen.

4 Den Rucola putzen, waschen und trockenschütteln. Die Thai-Nudeln auf 4 Teller geben, mit Rucola und Zitronenscheiben garnieren und servieren.

Zubereitungszeit: ca. 30 Minuten
Pro Portion: ca. 266 kcal/1117 kJ
19,8 g E, 8,9 g F, 26,2 g KH

Reisplätzchen

(China)

Für 4 Personen

100 g Klebreis
Salz
100 g grüne Erbsen (a. d. Dose)
1 rote, 1 grüne und 1 gelbe Paprika
1 Msp. Chilipulver
6 EL Sojasauce
4 EL Erdnussöl
1/2 Bund Frühlingszwiebeln
4 EL süßsaure Chilisauce

1 Den Reis mit 200 ml Wasser und einer Prise Salz in einem Topf zum Kochen bringen und etwa 15 Minuten bei schwacher Hitze gar ziehen lassen. Vom Herd nehmen und 10 Minuten ruhen lassen.

2 Inzwischen die Erbsen auf einem Küchensieb abtropfen lassen. Die Paprika putzen, halbieren, entkernen, waschen und in Streifen schneiden. Etwas Paprika für die Garnierung beiseite legen. Die Erbsen mit der Paprika, dem Reis, Chilipulver, 80 ml Wasser und der Sojasauce mischen und das Ganze mit einem Pürierstab pürieren.

3 Das Öl in einer beschichteten Pfanne erhitzen und aus dem Püree flache Plätzchen formen. Die Plätzchen im heißen Öl bei mittlerer Hitze portionsweise von beiden Seiten goldbraun ausbacken. Anschließend die Reisplätzchen auf Küchenpapier gut abtropfen lassen.

4 Die Frühlingszwiebeln putzen, waschen und klein schneiden.

5 Die Reisplätzchen auf 4 Teller geben, mit der restlichen Paprika, den Frühlingszwiebeln und je 1 Esslöffel süßsaurer Chilisauce garnieren und servieren.

Zubereitungszeit: ca. 45 Minuten
Pro Portion: ca. 344 kcal/1445 kJ
8,7 g E, 17,2 g F, 38 g KH

Würziger Gemüse-Reis

Für 4 Personen

(Thailand)

2 Zwiebeln
2 Knoblauchzehen
1/2 Bund Frühlingszwiebeln
1 rote Chilischote
1 EL Sojaöl
1 TL Kurkuma
1 TL Curry
Pfeffer aus der Mühle
4 EL Sojasauce
1/2 TL Sesamöl
450 g Langkornreis

1 Die Zwiebeln und den Knoblauch schälen und fein hacken. Die Frühlingszwiebeln putzen, waschen und klein schneiden. Die Chilischote halbieren, entkernen, waschen und feine Streifen schneiden.

2 Das Öl in einem Topf erhitzen und die Zwiebeln und den Knoblauch darin andünsten. Die Frühlingszwiebeln und die Chilischote dazugeben und 2–3 Minuten mitdünsten lassen. Im Anschluss daran mit 750 ml Wasser ablöschen, mit Kurkuma, Curry, Pfeffer und der Sojasauce würzen, das Sesamöl dazugeben und das Ganze 1–2 Minuten aufkochen lassen.

3 Den Reis dazugeben und das Ganze zugedeckt bei schwacher Hitze 12–15 Minuten köcheln lassen.

4 Den Reis auf 4 Reisschälchen verteilen und sofort servieren.

Zubereitungszeit: ca. 30 Minuten
Pro Portion: ca. 454 kcal/1907 kJ
9,8 g E, 5,1 g F, 91 g KH

Reisnudeln mit Gemüse

Für 4 Personen

(China)

- 40 g Shiitake-Pilze
- 100 g Glasnudeln
- 400 g Schweinefilet
- Salz
- Pfeffer aus der Mühle
- 2 EL Sojasauce
- 150 g Staudensellerie
- 4 Möhren
- 150 g frische Mungobohnensprossen
- 1 Stück frische Ingwerwurzel
- 1 Zwiebel
- 2 EL Erdnussöl
- 200 ml Fleischbrühe (Instant)

1. Die Shiitake-Pilze in reichlich warmem Wasser 1 Stunde einweichen lassen. Dann die Pilze aus dem Wasser nehmen und ausdrücken.

2. Inzwischen die Glasnudeln in 1 Liter heißes Wasser geben und abgedeckt 5 Minuten ziehen lassen. Die Glasnudeln auf ein Küchensieb geben und abtropfen lassen.

3. Das Schweinefilet waschen, trockentupfen und in Streifen schneiden. Das Fleisch mit Salz und Pfeffer würzen, mit der Sojasauce beträufeln und 15 Minuten abgedeckt ziehen lassen.

4. Den Staudensellerie putzen, waschen und in Stücke schneiden. Die Möhren schälen, waschen und in Streifen schneiden. Die Mungobohnensprossen waschen und auf einem Küchensieb abtropfen lassen. Den Ingwer schälen und fein raspeln. Die Zwiebel schälen und klein schneiden.

5. Das Öl in einer beschichteten Pfanne erhitzen und das Schweinefleisch darin unter Rühren 4–6 Minuten braten. Das Gemüse und den Ingwer dazugeben und weitere 3–5 Minuten unter Rühren mitbraten lassen. Mit der Fleischbrühe ablöschen, die Shiitake-Pilze dazugeben und das Ganze bei mittlerer Hitze etwa 5–7 Minuten köcheln lassen. Die Glasnudeln dazugeben und 2–3 Minuten miterhitzen. Danach die Pfanne vom Herd nehmen und das Gericht servieren.

Zubereitungszeit: ca. 30 Minuten
(plus 1 Stunde zum Einweichen)
Pro Portion: ca. 217 kcal/911 kJ
28,1 g E, 3,5 g F, 19,8 g KH

Nasi Goreng

(Indonesien)

Für 4 Personen

150 g Langkornreis
400 g Hähnchenbrustfilet
2 Zwiebeln
2 Knoblauchzehen
1 rote und 1 gelbe Paprika
2 Möhren
1 Stück frische Ingwerwurzel
1 Stange Porree
100 g Weißkohl
80 g frische Mungobohnensprossen
100 g Erbsen (a. d. Dose)
2 EL Erdnussöl
8 EL Sojasauce
2 EL Zitronensaft
1 TL Kurkuma
1 Msp. Chilipulver
80 ml Gemüsebrühe (Instant)
Salz
Pfeffer aus der Mühle

1 Den Reis mit 300 ml Wasser in einem Topf aufkochen und etwa 15 Minuten bei schwacher Hitze gar ziehen lassen. Danach vom Herd nehmen und etwa 5 Minuten ruhen lassen.

2 Inzwischen das Hähnchenfleisch waschen, trockentupfen und in Streifen schneiden.

3 Die Zwiebeln schälen und in Streifen schneiden.

4 Den Knoblauch schälen und fein hacken. Die Paprika putzen, halbieren, entkernen, waschen und in Streifen schneiden. Die Möhren schälen, waschen und ebenfalls in Streifen schneiden.

5 Den Ingwer schälen und mit einer Küchenreibe raspeln.

6 Den Porree und den Weißkohl putzen, waschen und in kleine Stücke schneiden. Die Mungobohnensprossen waschen und auf einem Küchensieb abtropfen lassen. Die Erbsen ebenfalls auf einem Küchensieb abtropfen lassen.

7 Das Öl in einem Wok erhitzen und die Zwiebeln und den Knoblauch darin unter Rühren etwa 1 Minute andünsten. Das Hähnchenfleisch dazugeben und etwa 3–5 Minuten unter Rühren bei mittlerer Hitze braten.

8 Das restliche Gemüse in den Wok geben und unter Rühren 5–7 Minuten bei mittlerer Hitze mitbraten lassen.

9 Die Sojasauce mit dem Zitronensaft, dem Kurkuma, dem Chilipulver, dem Ingwer und der Gemüsebrühe verrühren und mit dem Reis in den Wok geben.

10 Das Ganze unter Rühren 5–7 Minuten braten lassen.

11 Den Wok vom Herd nehmen. das Gericht mit Salz und Pfeffer abschmecken und sofort servieren.

Zubereitungszeit: ca. 45 Minuten
Pro Portion: ca. 391 kcal/1642 kJ
34,3 g E, 8,7 g F, 42,3 g KH

Reis mit Ei

Für 4 Personen

40 g Shiitake-Pilze
150 g Langkornreis
400 g Hähnchenbrustfilet
2 EL Sojasauce
1 Zweig Koriander
1 Stück frische Ingwerwurzel
4 Eier
2 Msp. Fünf-Gewürz-Pulver (a. d. Asia-Laden)
1 EL Fischsauce
3 EL Erdnussöl
1 Zweig Liebstöckel
1/2 Bund Frühlingszwiebeln

(China)

1 Die Shiitake-Pilze in reichlich warmem Wasser etwa 1 Stunde einweichen. Danach die Pilze aus dem Wasser nehmen und ausdrücken. Inzwischen den Reis mit 300 ml Wasser in einem Topf aufkochen und etwa 15 Minuten bei schwacher Hitze gar ziehen lassen, vom Herd nehmen und 5 Minuten ruhen lassen.

2 Das Hähnchenbrustfilet waschen, trockentupfen und dann in mundgerechte Stücke schneiden. Die Stücke mit der Sojasauce beträufeln. Den Koriander waschen, trockenschütteln und fein hacken. Den Ingwer schälen und fein hacken. Die Eier mit dem Koriander, dem Ingwer, dem Fünf-Gewürz-Pulver und der Fischsauce verrühren.

3 Das Öl in einer beschichteten Pfanne erhitzen und das Hähnchenfleisch mit den Shiitake-Pilzen darin unter Rühren 4–6 Minuten braten, danach aus der Pfanne nehmen.

4 Den Reis in der Pfanne unter Rühren etwa 2–3 Minuten bei mittlerer Hitze braten. Das Hähnchenfleisch und die Shiitake-Pilze dazugeben und unter Rühren 1–2 Minuten miterhitzen. Die Eimischung in die Pfanne rühren und bei mittlerer Hitze unter Rühren mitgaren lassen, bis die Eimischung stockt, danach die Pfanne vom Herd nehmen.

5 Den Liebstöckel waschen, trockentupfen und die Blättchen abzupfen. Die Frühlingszwiebeln putzen, waschen und klein schneiden.

6 Den Reis auf 4 Schalen verteilen, mit Liebstöckel und Frühlingszwiebeln garnieren und sofort servieren.

Zubereitungszeit: ca. 20 Minuten
(plus 1 Stunde zum Einweichen)
Pro Portion: ca. 433 kcal/1819 kJ
36,2 g E, 16,4 g F, 37,1 g KH

Bami Goreng

(Indonesien)

Für 4 Personen

20 g Mu-Err-Pilze
200 g asiatische Bandnudeln
200 g Hähnchenbrustfilet
1/2 Bund Frühlingszwiebeln
1 rote und 1 grüne Paprika
1 Stange Porree
150 g Wirsing
2 Möhren
2 Zwiebeln
2 Knoblauchzehen
150 g Bambussprossen (a. d. Dose)
2 EL Erdnussöl
50 ml Sojasauce
1 EL Sambal Oelek

1 Die Mu-Err-Pilze 1 Stunde in Wasser einweichen lassen. Danach die Pilze aus dem Wasser nehmen und ausdrücken. Inzwischen 1 Liter Wasser in einem Topf aufkochen und die Bandnudeln darin 5–7 Minuten gar kochen. Die Nudeln auf einem Küchensieb mit kaltem Wasser abschrecken und abtropfen lassen.

2 Das Hähnchenfleisch waschen, trockentupfen und in Streifen schneiden. Die Frühlingszwiebeln putzen, waschen und klein schneiden. Die Paprika putzen, halbieren, entkernen, waschen und in Streifen schneiden. Den Porree und den Wirsing putzen, waschen und in kleine Stücke schneiden. Die Möhren schälen, waschen und in Streifen schneiden. Die Zwiebeln und den Knoblauch schälen und fein hacken. Die Bambussprossen auf einem Küchensieb abtropfen lassen.

3 Das Öl in einem Wok erhitzen und die Zwiebeln und den Knoblauch darin etwa 1–2 Minuten andünsten. Das übrige Gemüse und die Mu-Err-Pilze dazugeben und alles unter Rühren 4–6 Minuten dünsten. Das Gemüse an den Rand des Woks schieben und das Hähnchenfleisch unter Rühren 3–4 Minuten anbraten.

4 Die Sojasauce, den Sambal Oelek und die Nudeln in den Wok geben und unter Rühren weitere 4–5 Minuten mitbraten lassen, bis die Nudeln heiß sind. Anschließend den Wok vom Herd nehmen und das Bami Goreng servieren.

Zubereitungszeit: ca. 35 Minuten
(plus 1 Stunde zum Einweichen)
Pro Portion: ca. 364 kcal/1529 kJ
24,1 g E, 8,3 g F, 48,1 g KH

Scharfe Shrimps-Pfanne mit Nudeln

Für 4 Personen

(Japan)

400 g küchenfertige TK-Shrimps
200 g Bami-Nudeln (asiatische Eiernudeln)
2 Knoblauchzehen
1 rote und 1 gelbe Paprika
2 grüne Chilischoten
4 getrocknete Chilischoten
1/2 Bund Frühlingszwiebeln
2 EL Sojaöl
4 EL Krabben-Paste (a. d. Tube)

1 Die Shrimps auftauen lassen, waschen und auf einem Küchensieb abtropfen lassen.

2 500 ml Wasser in einem Topf aufkochen. Die Bami-Nudeln in das Wasser geben und den Topf vom Herd nehmen. Die Nudeln etwa 3 Minuten ziehen lassen, dann auf ein Küchensieb geben, mit kaltem Wasser abschrecken und abtropfen lassen.

3 Den Knoblauch schälen und fein hacken. Die Paprika putzen, halbieren, entkernen, waschen und in Streifen schneiden. Die grünen Chilischoten halbieren, entkernen, waschen und in kleine Würfel schneiden. Die getrockneten Chilischoten fein hacken. Die Frühlingszwiebeln putzen, waschen und klein schneiden.

4 Das Öl in einer Pfanne erhitzen und die Shrimps und den Knoblauch 3–4 Minuten dünsten lassen. Die Paprika, die grünen Chilischoten, die getrockneten Chilischoten und die Krabben-Paste dazugeben, mit 50 ml Wasser ablöschen und das Ganze unter Rühren bei mittlerer Hitze etwa 4–6 Minuten garen lassen.

5 Die Bami-Nudeln dazugeben und unter Rühren 2–3 Minuten mitgaren lassen. Die Shrimps-Pfanne auf 4 Teller geben, mit den Frühlingszwiebeln garnieren und servieren.

Zubereitungszeit: ca. 40 Minuten
(plus 2 Stunden zum Auftauen)
Pro Portion: ca. 380 kcal/1596 kJ
29,8 g E, 9,6 g F, 42,5 g KH

Gefüllte Reisbällchen

Für 4 Personen

(Japan)

150 g Klebreis
Salz
1 TL Zucker
3 EL Reisessig
1 rote und 1 grüne Paprika
3 Frühlingszwiebeln
60 g Räucherlachs
4 EL Reiswein
2 EL Sojasauce
Wasabi (japanische Meerrettichpaste)
1 Zweig Zitronenmelisse
schwarzer Pfeffer aus der Mühle

1 Den Reis mit 300 ml Wasser, einer Prise Salz, dem Zucker und dem Reisessig in einem Topf zum Kochen bringen und etwa 15 Minuten bei schwacher Hitze gar ziehen lassen. Vom Herd nehmen und 10 Minuten ruhen lassen.

2 Inzwischen die Paprika putzen, halbieren, entkernen, waschen und klein schneiden. Etwas rote Paprika für die Dekoration beiseite legen. Die Frühlingszwiebeln putzen, waschen und fein hacken. Den Räucherlachs in kleine Stücke schneiden.

3 Die Paprika mit den Frühlingszwiebeln, dem Räucherlachs, dem Reiswein, der Sojasauce und einer Messerspitze Wasabi in einer Schüssel mischen.

4 Den Reis in einer Schüssel im kalten Wasserbad kühl rühren. Dann mit angefeuchteten Händen aus dem Reis kleine Bällchen formen, die Gemüse-Lachsfüllung in die Bällchen geben und gut im Reis einschließen.

5 Die Zitronenmelisse waschen, trockenschütteln und die Blättchen abzupfen.

6 Die Reisbällchen auf 4 Teller geben, mit grob gemahlenem schwarzen Pfeffer bestreuen, mit Zitronenmelisse und restlicher Paprika dekorieren und servieren.

Zubereitungszeit: ca. 35 Minuten
Pro Portion: ca. 199 kcal/836 kJ
7,6 g E, 2 g F, 34 g KH

Feurige
Curries

Rindfleischcurry

(Indonesien)

Für 4 Personen

800 g mageres Rindfleisch
2 Zwiebeln
3 Knoblauchzehen
1 TL Kreuzkümmelsamen
1/2 TL schwarze Pfefferkörner
1/2 TL Kardamomsamen
3 Gewürznelken
2 getrocknete Chilischoten
1/2 TL Kurkuma
2 EL Erdnussöl
1 Halm Zitronengras
1 l Fleischbrühe (Instant)
1 Zweig Basilikum

1 Das Rindfleisch waschen, trockentupfen und in mundgerechte Stücke schneiden. Die Zwiebeln und den Knoblauch schälen und klein schneiden.

2 Den Kreuzkümmelsamen mit den Pfefferkörnern, den Kardamomsamen, den Gewürznelken und den Chilischoten in einem Mörser fein zerstoßen und dann mit dem Kurkuma mischen.

3 Das Erdnussöl in einer großen beschichteten Pfanne erhitzen und das Rindfleisch darin 4–6 Minuten braten. Die Zwiebeln, den Knoblauch, das Zitronengras und die Gewürze dazugeben und 2–3 Minuten mitdünsten lassen. Mit der Fleischbrühe ablöschen und zugedeckt etwa 1 Stunde köcheln lassen. Ab und zu umrühren.

4 Das Basilikum waschen und trockenschütteln. Das Rindfleischcurry auf 4 Suppenteller geben, mit Basilikum garnieren und servieren.

Zubereitungszeit: ca. 1 1/2 Stunden
Pro Portion: ca. 494 kcal/2075 kJ
72,6 g E, 19,8 g F, 5,7 g KH

Sellerie-Weißkohlcurry

(Indien)

Für 4 Personen

600 g Weißkohl
250 g Staudensellerie
3 Zwiebeln
3 Knoblauchzehen
2 rote Chilischoten
2 EL Erdnussöl
2 TL Curry
1/2 TL Fenchelsamen
Salz
2 EL Zitronensaft

1 Den Weißkohl und den Staudensellerie putzen, waschen und klein schneiden. Die Zwiebeln und den Knoblauch schälen, die Zwiebeln grob zerkleinern, den Knoblauch fein hacken. Die Chilischoten halbieren, entkernen, waschen und klein schneiden.

2 Das Erdnussöl in einer beschichteten Pfanne erhitzen und Curry und den Fenchelsamen darin 1 Minute anrösten. Die Zwiebeln, den Knoblauch, die Chilischoten und 1 Teelöffel Salz dazugeben und unter Rühren bei mittlerer Hitze 3–4 Minuten dünsten.

3 Den Weißkohl und den Staudensellerie dazugeben, dabei gut umrühren, damit sie von allen Seiten von der Gewürzmischung überzogen sind. Mit 100 ml Wasser und dem Zitronensaft ablöschen und zugedeckt etwa 20–25 Minuten bei schwacher Hitze garen lassen. Dabei ab und zu umrühren. Danach noch etwa 5 Minuten offen bei mittlerer Hitze unter Rühren köcheln lassen, bis die Flüssigkeit fast vollständig eingekocht ist. Anschließend die Pfanne vom Herd nehmen.

4 Das Sellerie-Weißkohlcurry auf 4 Teller geben und servieren.

Zubereitungszeit: ca. 45 Minuten
Pro Portion: ca. 118 kcal/496 kJ
3,9 g E, 6,3 g F, 10,7 g KH

Hähnchencurry mit Cashews

Für 4 Personen

(Pakistan)

1 Hähnchen (ca. 1,2 kg)
3 Zwiebeln
4 Knoblauchzehen
1 Zweig Koriander
1 Stück frische Ingwerwurzel
150 g stückige Tomaten (a. d. Dose)
4 EL Erdnussöl
2 TL Madras-Curry
3 TL Paprika (edelsüß)
Salz
2 TL Garam Masala
150 ml Naturjoghurt
150 g ungesalzene Cashew-Kerne

1 Das Hähnchen zerteilen und die Stücke waschen und trockentupfen. Die Zwiebeln und den Knoblauch schälen und fein hacken. Den Koriander waschen, trockenschütteln und ebenfalls fein hacken. Den Ingwer schälen und fein raspeln. Die Tomatenstücke auf einem Küchensieb abtropfen lassen.

2 Das Öl in einem großen Topf erhitzen und die Zwiebeln, den Knoblauch und den Ingwer darin 3–4 Minuten bei mittlerer Hitze dünsten.

3 Den Koriander, die Tomatenstücke, den Madras-Curry, das Paprikapulver und 2 Teelöffel Salz dazugeben und das Ganze bei schwacher Hitze 4–6 Minuten unter Rühren köcheln lassen. Die Hähnchenteile dazugeben, dabei gut umrühren, damit sie von allen Seiten von der Gewürzmischung überzogen sind. Das Ganze zugedeckt etwa 1 Stunde bei schwacher Hitze garen lassen. Dabei hin und wieder umrühren, damit nichts anbrennt.

4 Den Garam Masala, den Naturjoghurt und die Cashew-Kerne in den Topf geben, gut unterrühren und etwa 5–7 Minuten bei schwacher Hitze köcheln lassen. Danach den Topf vom Herd nehmen.

5 Das Hähnchencurry auf 4 Teller verteilen und servieren.

Zubereitungszeit: ca. 1 1/2 Stunden
Pro Portion: ca. 918 kcal/3856 kJ
87,1 g E, 55,9 g F, 17,1 g KH

Kartoffel-Erbsen-Curry

Für 4 Personen

(Pakistan)

600 g Kartoffeln
400 g Erbsen (a. d. Dose)
1 unbehandelte Zitrone
1 Zweig Koriander
2 Zwiebeln
1 Stück frische Ingwerwurzel
4 Frühlingszwiebeln
150 g Langkornreis
3 EL Erdnussöl
2 TL Panch Phora (Gewürzmischung zu gleichen Teilen aus schwarzen Senfkörnern, Kreuzkümmelsamen, Schwarzkümmelsamen, Bockshornklee und Fenchelsamen)
2 TL Kurkuma
1/2 TL Chilipulver
Salz
1 TL Garam Masala

1 Die Kartoffeln schälen, waschen und würfeln. Die Erbsen auf einem Küchensieb abtropfen lassen. Die Zitrone waschen und halbieren. Die eine Hälfte auspressen, die andere in Scheiben schneiden. Den Koriander waschen, trockenschütteln und fein hacken. Die Zwiebeln und den Ingwer schälen, die Zwiebeln fein hacken und den Ingwer fein raspeln. Die Frühlingszwiebeln putzen, waschen und fein hacken.

2 Den Reis mit 300 ml Wasser in einem Topf aufkochen und etwa 15 Minuten bei schwacher Hitze gar ziehen lassen. Danach vom Herd nehmen und etwa 5 Minuten ruhen lassen.

3 Inzwischen das Öl in einem Topf erhitzen. Den Panch Phora darin unter Rühren 1–2 Minuten rösten. Die Zwiebeln, den Koriander, Kurkuma, Chilipulver, 1 Teelöffel Salz und den Ingwer dazugeben und 2–3 Minuten bei schwacher Hitze dünsten.

4 Die Kartoffeln und die Erbsen mit dem Garam Masala in den Topf geben, mit 100 ml Wasser und dem Zitronensaft ablöschen und bei schwacher Hitze zugedeckt ungefähr 25–30 Minuten garen lassen. Ab und zu umrühren. Danach den Topf vom Herd nehmen.

5 Das Kartoffel-Erbsen-Curry mit dem Reis auf 4 Teller geben, mit je 1 Zitronenscheibe garnieren, mit Frühlingszwiebeln bestreuen und servieren.

Zubereitungszeit: ca. 40 Minuten
Pro Portion: ca. 391 kcal/1642 kJ
12,6 g E, 8,9 g F, 63,1 g KH

Garnelen-Pfirsich-Curry

Für 4 Personen

(Indonesien)

400 g Garnelen
400 g Pfirsiche
2 Möhren
1 rote Paprika
100 g Klebreis
Salz
1 Zweig Kerbel
60 g Eisbergsalat
1/2 Bund Frühlingszwiebeln
1 unbehandelte Zitrone
2 EL Erdnussöl
3 TL Curry
80 ml Kokosmilch (a. d. Dose)

1 Die Garnelen aufbrechen und das Fleisch aus der Schale lösen. Die Garnelen seitlich einschneiden und den schwarzen Darm vorsichtig entfernen. Die Garnelen abspülen und mit Küchenkrepp trockentupfen. Die Pfirsiche waschen, trockentupfen, halbieren, entkernen und würfeln. Die Möhren schälen, waschen und würfeln. Die Paprika putzen, halbieren, entkernen, waschen und in grobe Würfel schneiden.

2 Den Reis mit 200 ml Wasser und einer Prise Salz in einem Topf zum Kochen bringen und etwa 15 Minuten bei schwacher Hitze gar ziehen lassen. Vom Herd nehmen und 10 Minuten ruhen lassen.

3 Inzwischen den Kerbel waschen und trockenschütteln. Den Eisbergsalat putzen, waschen, trockenschütteln und in Streifen schneiden. Die Frühlingszwiebeln putzen, waschen und klein schneiden. Die Zitrone waschen, in Scheiben schneiden und die Scheiben keilförmig aufteilen.

4 Das Öl in einer beschichteten Pfanne erhitzen und die Möhren und die Paprika darin 3–4 Minuten andünsten. Den Curry darüber stäuben und die Kokosmilch dazugießen. Das Ganze unter Rühren 2–3 Minuten köcheln lassen. Die Garnelen dazugeben und weitere 3–5 Minuten mitgaren lassen. Die Pfirsichwürfel dazugeben und unter Rühren etwa 2 Minuten miterhitzen. Dann die Pfanne vom Herd nehmen.

5 Das Garnelen-Pfirsich-Curry mit dem Reis und dem Eisbergsalat auf 4 Teller geben, mit dem Kerbel, den Zitronenkeilen und den Frühlingszwiebeln garnieren und servieren.

Zubereitungszeit: ca. 50 Minuten
Pro Portion: ca. 377 kcal/1583 kJ
25,6 g E, 7,8 g F, 49,2 g KH

Putenbrustcurry

(Pakistan)

Für 4 Personen

800 g Putenbrustfilet
1 rote und 1 grüne Paprika
1 Stück frische Ingwerwurzel
2 Zwiebeln
6 Knoblauchzehen
2 TL Kurkuma
Salz
1 TL Garam Masala
3 EL Tomatenmark
1/2 TL Chilipulver
4 EL Erdnussöl
150 ml Naturjoghurt
1 unbehandelte Zitrone
4 Frühlingszwiebeln

1 Das Putenbrustfilet waschen, trockentupfen und in mundgerechte Stücke schneiden. Die Paprika putzen, halbieren, entkernen, waschen und in feine Streifen schneiden. Den Ingwer, die Zwiebeln und den Knoblauch schälen und fein hacken und mit dem Kurkuma, 1 Teelöffel Salz, dem Garam Masala, dem Tomatenmark, dem Chilipulver und 80 ml Wasser mit einem Pürierstab pürieren.

2 Das Öl in einem Topf erhitzen und das Püree darin unter Rühren 3–5 Minuten bei schwacher Hitze anbraten. Dann den Joghurt unterrühren und das Putenbrustfilet mit den Paprikastreifen dazugeben, dabei gut umrühren, damit Fleisch und Gemüse vollständig von der Gewürzmischung überzogen sind. Das Ganze bei schwacher Hitze zugedeckt etwa 30 Minuten köcheln lassen und ab und zu umrühren. Noch etwa 5 Minuten offen bei mittlerer Hitze unter Rühren köcheln lassen, bis die Flüssigkeit fast vollständig eingekocht ist. Danach den Topf vom Herd nehmen.

3 Die Zitrone waschen und in Scheiben schneiden. Die Frühlingszwiebeln putzen, waschen und klein schneiden.

4 Anschließend das Putenbrustcurry auf 4 Teller geben, mit je 1 Zitronenscheibe garnieren, mit Frühlingszwiebeln bestreuen und servieren.

Zubereitungszeit: ca. 55 Minuten
Pro Portion: ca. 357 kcal/1499 kJ
50,7 g E, 13,8 g F, 7 g KH

Eiercurry

(Indien)

3 Zwiebeln, 4 Knoblauchzehen
200 g stückige Tomaten (a. d. Dose)
8 hart gekochte Eier
2 Tomaten, 1/2 Bund Frühlingszwiebeln
1 Stück frische Ingwerwurzel
3 EL Erdnussöl
2 TL gemahlener Koriander, 1 TL Kurkuma
2 TL gemahlener Kreuzkümmel
1 Msp. Chilipulver, Salz, 1 TL Garam Masala

1 Die Zwiebeln und den Knoblauch schälen und fein hacken. Die Tomatenstücke auf einem Küchensieb abtropfen lassen. Die Eier pellen, 2 Eier halbieren und die Hälften für die Garnierung beiseite legen, die anderen Eier klein schneiden. Die Tomaten waschen, die Stielansätze entfernen und die Tomaten in Scheiben schneiden. Die Frühlingszwiebeln putzen, waschen und klein schneiden. Den Ingwer schälen und grob raspeln.

2 Das Öl in einer beschichteten Pfanne erhitzen und die Zwiebeln, den Knoblauch und den Ingwer darin 3–4 Minuten bei mittlerer Hitze dünsten. Koriander, Kurkuma, Kreuzkümmel und Chilipulver dazugeben und etwa 1 Minute mitdünsten lassen. Dann die stückigen Tomaten und 1/2 Teelöffel Salz dazugeben und das Ganze 3–4 Minuten bei mittlerer Hitze unter Rühren köcheln lassen.

3 100 ml Wasser dazugießen und weitere 5 Minuten köcheln lassen, bis die Sauce eingedickt ist. Die Eistücke und den Garam Masala dazugeben und 2–3 Minuten miterhitzen, anschließend die Pfanne vom Herd nehmen.

4 Das Eiercurry auf 4 Teller geben, mit den Tomatenscheiben und je 1 Eierhälfte garnieren, mit Frühlingszwiebeln bestreuen und servieren.

Zubereitungszeit: ca. 30 Minuten
Pro Portion: ca. 287 kcal/1205 kJ
17 g E, 21,5 g F, 6,5 g KH

Scharfes Garnelen-Curry

Für 4 Personen

(Thailand)

800 g Garnelen
150 g Klebreis
4 Schalotten
2 Knoblauchzehen
1 Stück frische Ingwerwurzel
1 rote Chilischote
1 Zweig Koriander
3 EL Erdnussöl
2 TL Madras-Curry
2 EL Worcestershiresauce
100 ml Kokosmilch (a. d. Dose)
1 EL Fischsauce
1/2 Bund Petersilie
1 unbehandelte Zitrone

1 Die Garnelen aufbrechen und das Fleisch aus der Schale lösen. Die Garnelen seitlich einschneiden und den schwarzen Darm vorsichtig entfernen. Die Garnelen abspülen und mit Küchenkrepp trockentupfen.

2 Den Reis mit 300 ml Wasser aufkochen und etwa 15 Minuten bei schwacher Hitze gar ziehen lassen. Danach vom Herd nehmen und etwa 10 Minuten ruhen lassen.

3 Inzwischen die Schalotten und den Knoblauch schälen und fein hacken. Die Ingwerwurzel schälen und ebenfalls fein hacken. Die Chilischote halbieren, entkernen, waschen und klein schneiden. Den Koriander waschen, trockenschütteln und die Blättchen abzupfen.

4 Das Öl in einer Pfanne erhitzen und die Schalotten darin andünsten. Den Knoblauch, den Ingwer, die Chilischote, den Koriander, den Madras-Curry, die Worcestershiresauce, die Kokosmilch und die Fischsauce dazugeben und bei mittlerer Hitze unter Rühren 5–7 Minuten garen lassen. Die Garnelen dazugeben, das Ganze mit 150 ml Wasser ablöschen und bei schwacher Hitze 5–7 Minuten gar ziehen lassen.

5 Die Petersilie waschen, trockenschütteln und fein hacken. Die Zitrone waschen und in Scheiben schneiden.

6 Das Garnelen-Curry mit dem Reis auf 4 Teller geben, mit der Petersilie und den Zitronenscheiben garnieren und servieren.

Zubereitungszeit: ca. 1 Stunde
Pro Portion: ca. 434 kcal/1823 kJ
44,7 g E, 12,3 g F, 35,1 g KH

Fischcurry

Für 4 Personen

(Indien)

400 g Kabeljaufilet
1 unbehandelte Zitrone
1 Zwiebel
4 Knoblauchzehen
1 Möhre
4 Frühlingszwiebeln
1 Stück frische Ingwerwurzel
1 Zweig Liebstöckel
2 EL Erdnussöl
1 TL gemahlener Koriandersamen
2 TL Kreuzkümmel
2 TL Kurkuma
1 Msp. Chilipulver
400 ml Kokosmilch (a. d. Dose)
Salz

1 Das Kabeljaufilet waschen, trockentupfen und in mundgerechte Stücke schneiden.

2 Die Zitrone waschen und halbieren. Die eine Hälfte ausdrücken, die andere in Scheiben schneiden. Die Zwiebel und den Knoblauch schälen und fein hacken. Die Möhre schälen, waschen und fein würfeln. Die Frühlingszwiebeln putzen, waschen und klein schneiden. Den Ingwer schälen und fein hacken. Den Liebstöckel waschen, trockenschütteln und die Blättchen abzupfen.

3 Das Öl in einem Wok erhitzen und die Zwiebel, den Knoblauch und den Ingwer bei starker Hitze 1–2 Minuten unter Rühren braten. Koriander, Kreuzkümmel, Kurkuma und Chilipulver dazugeben und unter Rühren weitere 1–2 Minuten braten. Anschließend mit der Kokosmilch ablöschen. 1 Teelöffel Salz und den Zitronensaft dazugeben und das Ganze 5–7 Minuten bei mittlerer Hitze köcheln lassen.

4 Den Fisch dazugeben und bei mittlerer Hitze weitere 5–7 Minuten garen lassen. Den Wok vom Herd nehmen.

5 Das Fischcurry auf 4 Teller geben, mit je 1 Zitronenscheibe, den Möhren, den Frühlingszwiebeln und dem Liebstöckel garnieren und servieren.

Zubereitungszeit: ca. 35 Minuten
Pro Portion: ca. 190 kcal/798 kJ
21,7 g E, 6,9 g F, 9,7 g KH

Raffinierte Desserts

Limettencreme mit braunem Zucker

Für 4 Personen

(Indonesien)

5 unbehandelte Limetten
2 TL Agar-Agar
6 EL Zucker
2 Eigelb
4 TL brauner Zucker

1 4 Limetten auspressen. 700 ml Wasser mit dem Agar-Agar, 4 Esslöffeln Zucker und dem Limettensaft in einen Topf geben und zum Kochen bringen.

2 Das Ganze etwa 5–7 Minuten kochen, bis sich das Agar-Agar und der Zucker aufgelöst haben. Danach in kaltem Wasser etwa 3–5 Minuten kühl rühren.

3 In einer Schüssel das Eigelb und den restlichen Zucker schaumig schlagen und unter die Limettencreme rühren. Das Ganze in 4 Dessertgläser füllen und anschließend 5 Stunden im Kühlschrank kalt stellen.

4 Die restliche Limette waschen und in Scheiben schneiden. In jedes Dessertglas 1 Teelöffel braunen Zucker geben, jedes Glas mit einer Limettenscheibe dekorieren und servieren.

Zubereitungszeit: ca. 20 Minuten
(plus 5 Stunden zum Kühlen)
Pro Portion: ca. 167 kcal/701 kJ
3,5 g E, 3,9 g F, 27,9 g KH

Fruchtmelone „Asia"

Für 4 Personen

(China)

1 kleine Wassermelone
1 Honigmelone
400 g gemischte Früchte (a. d. Dose), z.B. Ananas, Birnen, Mandarinen, Litschis

1 Den oberen Teil der Wassermelone abschneiden, die Melone aushöhlen, die Kerne entfernen und das Fruchtfleisch in Würfel schneiden. Die Honigmelone halbieren, die Kerne entfernen und das Fruchtfleisch mit einem Löffel auslösen.

2 Die Dosenfrüchte auf einem Küchensieb abtropfen lassen und den Fruchtsirup in einem Gefäß auffangen. Die Dosenfrüchte mit dem Melonenfruchtfleisch mischen, in die ausgehöhlte Wassermelone füllen und den Fruchtsirup darüber geben.

3 Die gefüllte Melone abdecken und für etwa 2 Stunden in den Kühlschrank geben, danach servieren.

Zubereitungszeit: ca. 15 Minuten
(plus 2 Stunden zum Kühlen)
Pro Portion: ca. 187 kcal/785 kJ
2,2 g E, 0,5 g F, 42,5 g KH

Vanilleeis mit Mango

Für 4 Personen

(Philippinen)

2 Vanilleschoten
50 g Zucker
50 g Vanillezucker
4 Eigelb
500 ml Milch
1 Mango
4 EL Kirschsauce
8 Cocktailkirschen

1 Die Vanilleschoten mit einem scharfen Messer der Länge nach halbieren und das Mark mit einem Messer aus der Schote herausschaben.

2 Das Vanillemark mit dem Zucker, dem Vanillezucker und dem Eigelb in einer großen Schüssel verrühren.

3 Die Milch in einem Topf aufkochen und anschließend mit einem Schneebesen unter die Zucker-Eigelbmasse rühren. Die Schüssel in kaltes Wasser stellen und die Masse so lange rühren, bis sie eindickt. Die Schüssel für etwa 3 Stunden in ein Tiefgefrierfach geben. Zwischenzeitlich die Masse immer wieder durchrühren, bis sie gefroren ist.

4 Die Mango schälen, halbieren und das Fruchtfleisch vom Kern lösen. Anschließend das Fruchtfleisch filetieren.

5 Das Vanilleeis mit einem Eislöffel zu Bällchen formen und zusammen mit den Mangofilets auf Kirschsauce mit je 2 Cocktailkirschen garniert servieren.

Zubereitungszeit: ca. 20 Minuten
(plus 3 Stunden zum Gefrieren)
Pro Portion: ca. 334 kcal/1403 kJ
7,7 g E, 11 g F, 50,4 g KH

Banane in Zimt-Kokossauce

Für 4 Personen

(Indonesien)

4 Bananen
400 ml Kokosmilch (a. d. Dose)
1 TL Zimt
6 EL brauner Zucker
3 EL Mehl
1 Zweig Zitronenmelisse

1 2 Liter Wasser in einem großen Topf aufkochen. Den Topf vom Herd nehmen und die Bananen mit der Schale hineingeben und 5–7 Minuten zugedeckt ziehen lassen. Anschließend die Bananen aus dem Topf nehmen, schälen und halbieren.

2 Inzwischen die Kokosmilch mit dem Zimt, dem braunen Zucker und dem Mehl verrühren. Im Anschluss daran die Mischung in einer beschichteten Pfanne erhitzen und unter ständigem Rühren 3–4 Minuten bei schwacher Hitze köcheln lassen. Wenn die Sauce eingedickt ist, sofort vom Herd nehmen.

3 Die Zitronenmelisse waschen, trockenschütteln und die Blättchen abzupfen. Je 2 Bananenhälften auf 4 Teller geben, mit der Zimt-Kokossauce übergießen, mit Zitronenmelisse dekorieren und sofort servieren.

Zubereitungszeit: ca. 15 Minuten
Pro Portion: ca. 213 kcal/895 kJ
2,7 g E, 0,7 g F, 48,1 g KH

Schokoladen-Kokoscreme-Eis

Für 4 Personen

(Philippinen)

2 Eigelb
2 Eier
40 g Zucker
600 ml Schlagsahne
300 g dunkle Kuvertüre
8 EL Kokosraspel
200 g stückige Ananas (a. d. Dose)
4 EL geraspelte Schokolade
4 Kirschen

1 Das Eigelb, die Eier und den Zucker in eine Schüssel geben.

2 Das Ganze mit einem Schneebesen miteinander verrühren und anschließend im heißen Wasserbad so lange schlagen, bis die Masse steif wird. Danach im kalten Wasserbad kühl rühren.

3 Die Sahne mit einem Schneebesen steif schlagen.

4 Die Kuvertüre klein schneiden, in eine Schüssel geben und im heißen Wasserbad unter ständigem Rühren schmelzen.

5 Die Kuvertüre mit der Eimischung, der Sahne und 4 Esslöffeln Kokosraspel verrühren.

6 Das Ganze etwa 2 Stunden im Tiefgefrierfach gefrieren.

7 Inzwischen die Ananas auf einem Küchensieb abtropfen lassen.

8 Mit einem Löffel aus dem Eis Nocken abstechen.

9 Die Nocken mit den restlichen Kokosraspeln bestreuen und mit den Ananasstücken auf 4 Schalen geben. Die Ananas mit der geraspelten Schokolade bestreuen, mit je einer Kirsche verzieren und das Ganze servieren.

Zubereitungszeit: ca. 20 Minuten
(plus 2 Stunden zum Gefrieren)
Pro Portion: ca. 1120 kcal/4704 kJ
19 g E, 80,2 g F, 81,1 g KH

Klebreisbällchen mit Mangos

(Thailand)

Für 4 Personen

100 g Klebreis
Salz
1 Mango
2 EL brauner Zucker
2 EL Reiswein
150 ml Kokosmilch (a. d. Dose)
1 Zweig Zitronenmelisse

1 Den Reis mit 200 ml Wasser und einer Prise Salz in einem Topf zum Kochen bringen und etwa 15 Minuten bei schwacher Hitze gar ziehen lassen. Vom Herd nehmen und 10 Minuten ruhen lassen.

2 Inzwischen die Mango schälen, halbieren und das Fruchtfleisch vom Kern lösen. Anschließend das Fruchtfleisch filetieren.

3 Den Klebreis mit angefeuchteten Händen zu Bällchen formen.

4 Den braunen Zucker in eine beschichtete Pfanne geben und so lange erhitzen, bis er karamellisiert. Anschließend mit dem Reiswein und der Kokosmilch ablöschen und unter ständigem Rühren kurz erhitzen, bis sich der Zucker vollständig in der Flüssigkeit gelöst hat. Danach die Pfanne vom Herd nehmen.

5 Die Zitronenmelisse waschen, trockenschütteln und die Blättchen abzupfen.

6 Die Klebreisbällchen mit der Sauce und den Mangoschnitten auf 4 Teller geben, mit Zitronenmelisse dekorieren und servieren.

Zubereitungszeit: ca. 35 Minuten
Pro Portion: ca. 176 kcal/739 kJ
2,8 g E, 0,5 g F, 38,1 g KH

Orangen-Sahnetorte

(Philippinen)

Für 4 Personen

2 unbehandelte Orangen
2 TL Agar-Agar
1 EL Orangensirup (a. d. Glas)
6 EL geraspelte Kokosnuss
80 g Zucker
1 EL Vanillezucker
800 ml Schlagsahne
1 rechteckiger Biskuitboden
4 EL geraspelte Schokolade
8 Kirschen

1 Eine Orange waschen und in Scheiben schneiden. Die andere schälen, filetieren und 4 Orangenfilets für die Garnierung beiseite legen. Die restlichen Filets in kleine Stücke schneiden.

2 Den Agar-Agar mit 150 ml Wasser, den Orangenstücken, dem Orangensirup, 2 Esslöffeln geraspelter Kokosnuss, dem Zucker und dem Vanillezucker verrühren, in einen Topf geben und zum Kochen bringen. Das Ganze etwa 5–7 Minuten kochen, bis sich der Agar-Agar und der Zucker aufgelöst haben. Danach in kaltem Wasser etwa 3–5 Minuten kühl rühren.

3 Die Sahne steif schlagen und die Orangencreme mit einem Schneebesen langsam untermischen.

4 Die Orangensahne gleichmäßig auf den Biskuitboden geben und das Ganze in 4 Stücke schneiden.

5 Jedes Stück mit 1 Orangenfilet verzieren, mit der geraspelten Schokolade bestreuen und dann für 1 Stunde in den Kühlschrank stellen.

6 Je 1 Stück Orangen-Sahnetorte auf 4 Teller geben, mit der restlichen geraspelten Kokosnuss bestreuen, mit den Orangenscheiben und je 2 Kirschen garnieren und servieren.

Zubereitungszeit: ca. 25 Minuten
(plus 1 Stunde zum Kühlen)
Pro Portion: ca. 1300 kcal/5460 kJ
14,8 g E, 80,4 g F, 12,8 g KH

Kokosbanane in Erdnuss-Sauce

Für 4 Personen

(Thailand)

2 Bananen
4 EL geraspelte Kokosnuss
1 unbehandelte Limette
2 EL Erdnussöl
2 EL Reiswein
1 EL brauner Zucker
1 TL Honig
2 EL Erdnussmus
1 EL Mandelsplitter
1/2 TL Reismehl
1 Zweig Zitronenmelisse

1 Die Bananen schälen, in Scheiben schneiden und mit 2 Esslöffeln geraspelter Kokoksnuss bestreuen. Die Limette waschen und halbieren. Die eine Hälfte auspressen, die andere Hälfte in Scheiben schneiden.

2 Das Öl in einer beschichteten Pfanne erhitzen und die Bananenscheiben darin goldbraun braten. Die Bananenscheiben auf Küchenpapier abtropfen lassen und warm stellen.

3 Anschließend die restlichen Kokosraspel mit dem Reiswein, dem braunen Zucker, dem Limettensaft, dem Honig, dem Erdnussmus, den Mandelsplittern, dem Reismehl und 80 ml Wasser mischen und unter ständigem Rühren in einer beschichteten Pfanne so lange erhitzen, bis sich der Zucker vollständig aufgelöst hat und eine sämige Sauce entsteht.

4 Die Zitronenmelisse waschen, trockenschütteln und die Blättchen abzupfen.

5 Die Bananenscheiben mit der Sauce auf 4 Teller geben, mit 1 Limettenscheibe und der Zitronenmelisse dekorieren und sofort servieren.

Zubereitungszeit: ca. 20 Minuten
Pro Portion: ca. 297 kcal/1247 kJ
4,5 g E, 20,4 g F, 22,4 g KH

Nektarinen-Crêpes

(Indonesien)

Für 4 Personen

500 g reife Nektarinen
1 unbehandelte Limette
100 g Mehl
100 g Reismehl
120 g geraspelte Kokosnuss
2 EL brauner Zucker
2 Eier
350 ml Milch
2 EL Sojaöl

1 Die Nektarinen waschen, trockentupfen, halbieren, entkernen und würfeln. Die Limette waschen und in Scheiben schneiden.

2 Das Mehl mit dem Reismehl, 100 g geraspelter Kokosnuss, dem braunen Zucker, den Eiern und der Milch zu einem glatten Teig verrühren.

3 Das Öl in einer Pfanne erhitzen und jeweils 2 Esslöffel Teig von beiden Seiten zu einem goldbraunen Pfannkuchen backen. Dann die Pfannkuchen mit den Nektarinenwürfeln füllen.

4 Je 3 Pfannkuchen auf 1 Teller geben, mit den restlichen Kokosnussraspeln bestreuen, mit 1 Limettenscheibe garnieren und sofort servieren.

Zubereitungszeit: ca. 20 Minuten
Pro Portion: ca. 586 kcal/2461 kJ
13,9 g E, 30,9 g F, 62,6 g KH

Reichhaltige Menüs

Thailändische Gala

Für 4 Personen

Für das Buddhistengemüse:

600 g Gemüse, z.B. grüne Bohnen, Bambussprossen, Möhren, Mungobohnensprossen, Brokkoli, Chinakohl, Shiitake-Pilze
100 g Klebreis, Salz
1 Zwiebel, 2 Knoblauchzehen, 1 Stück frische Ingwerwurzel, 1 TL Kurkuma, 1 Msp. Chilipulver, 3 EL Erdnussöl, 3 EL Sojasauce, 3 EL Fischsauce
2 EL Zitronensaft

Für das Dessert:

450 g Litschis (a. d. Dose)

1 Als Vorspeise die Frühlingsrollen nach dem Rezept auf Seite 50 servieren.

2 Das Gemüse putzen, waschen und klein schneiden. Den Reis nach dem Rezept auf Seite 17 zubereiten. Die Zwiebel, den Knoblauch und den Ingwer schälen und fein hacken. Mit Kurkuma und Chilipulver mischen und mit einem Pürierstab pürieren.

3 Das Erdnussöl in einem Wok erhitzen und die Gewürzpaste darin 3–5 Minuten unter Rühren braten. Das Gemüse dazugeben und unter Rühren 5–7 Minuten mitbraten. Die Sojasauce, die Fischsauce, den Zitronensaft und 4 Esslöffel Wasser dazugeben. Unter Rühren bei mittlerer Hitze 4–6 Minuten köcheln lassen. Das Gemüse mit dem Reis auf 4 Teller geben, nach Belieben garnieren und servieren.

4 Zum Dessert die Litschis mit dem Fruchtsirup in 4 Dessertgläser geben.

Zubereitungszeit: ca. 2 Stunden
Pro Portion: ca. 646 kcal/2713 kJ
30 g E, 51,2 g F, 17,1 g KH

Chinesische Tafel

Für 4 Personen

Für die überbackenen Bananen:
1 Ei
1 Eigelb
50 ml Milch
80 g Mehl
2 EL dünnflüssiger Honig
4 Bananen
300 ml Erdnussöl
4 EL Mandelsplitter

1 Als Vorspeise die Frühlingsrollen nach dem Rezept auf Seite 25 servieren.

2 Als Hauptgericht die Ente süß-sauer nach dem Rezept von Seite 109 und Reis nach einem Rezept von Seite 17 reichen.

3 Für das Dessert das Ei und das Eigelb mit der Milch, dem Mehl und dem Honig zu einem dünnflüssigen Teig verrühren.

4 Die Bananen schälen und halbieren. Die Bananenhälften im Teig wälzen.

5 Das Öl in einem Wok erhitzen und die Bananen darin portionsweise goldbraun ausbraten, danach auf Küchenpapier abtropfen lassen.

6 Je 2 Bananenhälften auf 4 Schälchen geben, mit den Mandelsplittern bestreuen und sofort servieren.

Zubereitungszeit: ca. 2 1/4 Stunden
(plus 1 1/2 Stunden zum Auftauen)
Pro Portion: ca. 290 kcal/1218 kJ
8,1 g E, 9,4 g F, 42,3 g KH

Menü „Kanton"

Für 4 Personen

Für die überbackene Ananas:
600 g Ananasscheiben (a. d. Dose)
2 Eier
2 TL Reiswein
100 g Mehl
8 TL geraspelte Kokosnuss
50 ml Milch
300 ml Erdnussöl

1 Als Vorspeise die scharfe Nudelsuppe „Hongkong" nach dem Rezept auf Seite 37 servieren.

2 Als Hauptgericht den Fisch im Teig nach dem Rezept auf Seite 77 reichen.

3 Für das Dessert die Ananas auf einem Küchensieb abtropfen lassen und den Fruchtsirup in einem Gefäß auffangen.

4 Die Eier, den Reiswein, das Mehl, 4 Teelöffel geraspelte Kokosnuss, 2 Esslöffel Ananassirup und die Milch zu einem dünnflüssigen Teig verrühren und die Ananasringe darin wälzen.

5 Das Öl in einem Wok erhitzen und die Ananasringe darin portionsweise goldbraun ausbraten. Danach auf Küchenpapier abtropfen lassen.

6 Je 3 Ananasringe auf 4 Teller geben, mit der restlichen geraspelten Kokosnuss bestreuen und sofort servieren.

Zubereitungszeit: ca. 1 1/2 Stunden
(plus 2 Stunden zum Auftauen)
Pro Portion: ca. 332 kcal/1394 kJ
7,9 g E, 10,6 g F, 49,7 g KH

Register

Abkürzungen und Maßangaben:

EL: Esslöffel
TL: Teelöffel
kg: Kilogramm
g: Gramm
Msp.: Messerspitze
1 Becher: 0,2 Liter oder 200 g
1 Glas: 1/8 Liter oder 100 g
1 Tasse 1/8 Liter oder 100 g
ml: Milliliter
cl: Zentiliter
°C: Grad Celsius
TK-Ware: Tiefkühlware
cm: Zentimeter

ISBN 3-8118-1718-3

Fotos: Fotostudio Hosser, Idar Oberstein
Redaktion und Gestaltung: Weinz & Partner, Becherbach
Besonderer Dank gilt den Firmen Fissler und Karstadt, Idar-Oberstein, für ihre freundliche Unterstützung.
www.MOEWIG.de
Printed in Italy